농인의 눈으로 본 북한

농인의 눈으로 본 북한

임서희 지음

통일부
국립통일교육원

일러두기

- 이 책은 통일부 국립통일교육원과 열린책들이 함께 기획·제작했습니다.
- 이 책은 평화·통일 교육 참고 자료로 활용하기 위해 외부 전문가에 의해 제작된 것으로, 통일부의 공식 견해가 아님을 밝힙니다.

남북 농인들의 평화와 소통을 위한 한 걸음

먼저, 이 책에서는 청각 장애인 대신 〈농인〉을, 비장애인 대신 〈청인〉이라는 용어를 사용한다. 청각 장애인이라는 용어는 현재 보편화되고 공식화된 말로, 귀가 안 들리는 사람이라고 정의하고 있다. 하지만 청각 장애인이라는 용어는 병리학적 관점으로 보기 때문에 농인 당사자들은 자신들을 그렇게 부르지 않는다. 왜냐하면 농인이라는 용어는 〈청각 장애인〉과 달리 사회문화적 관점에서 나온 것으로, 언어적 소수자이자 문화적 존재를 의미하기 때문이다.

다만, 예외적으로 농인들이 주류 사회 사람들에게 자신을 〈청각 장애인〉이라고 소개하는 경우가 있다. 그것은 주류 사회에서 〈농인〉이라는 용어가 보편화되지 않아 사람들이 잘 모르기 때문이다.

실제로 〈농〉을 영문으로 표기할 때, 두 가지 의미를 보여 준다. 소문자 d로 표기하면 귀가 거의 들리지 않는 〈농deaf〉을 의미하지만, 대문자 D로 표기하면 〈문화적 존재, 언어적 소수자로서 농Deaf〉을 의미한다. 결국 deaf는 병리학적 관점에서 농인을 치료가 필요한 존재로 바라보는 것이고, Deaf는 청인과 똑같이 언어를 가지고 자기만의 문화를 만들어 나가는 〈언어적 소수자〉를 의미한다.

주류 사회는 음성 언어로 이루어져 있어 수많은 정보가 당연히 듣는 사람에게 맞춰 제공된다. 따라서 음성 언어 중심 사회에서 살아가는 많은 한국 농인은 일상적으로 의사소통 제한 등의 차별을 경험한다. 왜냐하면 농인 대부분이 수어를 모국어로 사용해, 음성 언어로 된 문법 체계를 구사하기가 쉽지 않기 때문이다. 주류 사회에서는 농인을 언어 치료 대상으로 인식해 청인 수준의 읽기·쓰기·듣기를 요구한다.

2016년 2월 한국수화언어법이 제정되었다. 이는 한국 농인들에게 기념비적인 일이다. 한국수어가 대한민국 공용어인 한국어와 함께 언어로서 법적으로 인정받은, 농인의 권리 보장을 위한 매우 중요한 초석이 마련되었기 때문이다.

여기서 농인의 모국어인 〈수어〉는 음성 언어를 대체하는 비하고, 남북 관계의 미래를 어떻게 그려 나갈지 고민하는 계기가 되었으면 좋겠다.

또한 이 책은 방북 경험이 있는 외국 농인의 스토리와 북한 장애인 사업 관련 단체 소개라는 주제로 국립통일교육원에서 처음 출간하는 교재이기도 하다. 이 책에는 북한에서 외국 농인이 북한 농인을 위해 다양한 사업을 펼친 소중한 경험도 담겨 있다. 대한민국 국민으로서 북한 농인과 함께 통일을 준비하고 교류하기 위한 첫 번째 시도인 만큼, 부족한 점도 많고 더 논의할 부분도 많을 것이다. 그럼에도 불구하고 이 책이 남북 농인 간 평화와 소통을 위한 의미 있는 한 걸음이 되기를 기대한다.

차례

맺음말 • 235

1장

북한 장애인 현황

1
조선손말(=북한수어)은 한국수어와 같나요?

모든 언어는 자의성, 분리성, 생산성, 역사성, 전위성, 문화적 전달성 측면에서 독자적인 특징을 지닌다.

한국수어가 한국어와 동등한 언어로 이해되기 시작한 것은 2016년부터다.

한국수어도 한국어 문법의 특징 중 하나인 〈분절성〉을 지닌다. 손의 방향과 움직임에 따라 단어의 의미가 달라지기도 하고, 다른 어휘를 창조하기도 한다. 따라서 시대의 흐름을 반영한 새로운 수어 어휘가 계속해서 만들어지고 또 불필요한 수어는 사멸된다.

음성 언어는 말 그대로 음성으로 말하고 청각으로 수용되는 언어인 반면, 한국수어는 시각언어라고 불리기도 한다. 한국수어는 공간을 활용하기 때문이다. 또한 음성 언어와 다른 점은 조사로 표현하지 않는다는 것이다. 그냥 몸의 방향으로도 주어와 목적어의 표시가 가능하다.

한국어에서는 문법 형태소와 어미, 어순 등이 중요한 문법적 기능을 하지만, 한국수어에서는 공간과 표정, 속도가 중요한 문법적 기능을 한다. 이처럼 한국수어는 언어적 특징을 갖기 때문에 한국어와 동등한 언어로 보는 것이 당연하다.[1]

북한에서는 수어를 〈조선손말〉이라고 한다. 2013년 북한 정부는 조선손말을 북한 농인의 언어로 공식 인정했다. 그렇다면 한국수어와 조선손말은 얼마나 같고, 또 얼마나 다를까? 한국수어와 조선손말을 설명하기에 앞서 한국어와 조선말의 차이를 간단히 들여다보겠다.

북한에는 평양을 중심으로 한 문화어가 있고, 남한에는 서울을 중심으로 한 표준어가 있다. 북한말은 한자어와 외래어를 제외하고 한글 고유어로 대체하며 한국 고유어가 없을 때는 〈풀이말〉로 쓰는 것을 원칙으로 한다.

한국에서는 외국어 사용이 심각한 수준인 반면, 북한에서는 언어 주체성을 강하게 지키고자 한다. 한국 외래어에

---

1 전남혁, 「소리가 아닌 시각으로 소통하는, 〈또 하나의 언어〉」, 『고대신문』, 1919년 6월 5일 자(http://www.kunews.ac.kr/news/articleView.html?idxno=30528).

한국 외래어	북한말
노크nock	손기척
뮤지컬musical	가무이야기
주스juice	과일단물
캐러멜Caramel	기름사탕

대한 북한말의 예는 위와 같다.

위에서 보는 바와 같이, 한국어와 조선어는 같으면서도 많이 다르다. 그렇다면 한국수어와 조선손말도 차이가 있을까?

조선손말에 관한 자료가 많지 않아 조사하는 데 어려움을 겪었다. 하지만 『조선손말사전』에서 북한 농인들이 조선말을 힘들어하는 이유에 대해 밝힌 내용을 보며, 조선손말의 문법 구조가 한국수어의 문법 구조와 비슷할 거라고 추측할 수 있었다.

〈롱인들이 왜 민족어를 힘들어하는가?〉『**조선손말사전**』**(2019), 434면**

1. 언어가 완전히 결핍된 상태에서 학교 교육을 시작하기 때문.

2. 대부분 나라에서 손말과 민족어의 문법이 전혀 다르기 때문.
   예) 민족어(조선말)의 구성: 고뿌 + 있다 + 책상 우에
   손말의 구성: 책상 우에 + 고뿌 + 있다

고뿌   있다

책상   우에

1. 한국어의 구성: 집에 가다
   한국수어의 구성: 집 + 가다

집   가다

2. 한국어의 구성: 아직 집에 가지 않았다
   한국수어의 구성: 집 + 가다 + 아직

집   가다   아직

위 사진에서 조선말과 조선손말 간 문법 구조가 다르다는 사실을 알 수 있다. 한국수어도 마찬가지로 한국어 문법 체계와 많이 다르다. 따라서 한국어 문법 체계를 어려워하는 농인이 많다. 물론 요즘 젊은 농인들은 한국어 문법을 잘

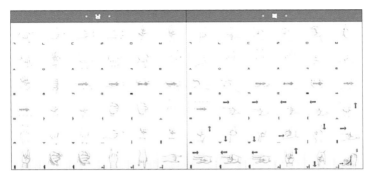

출처: 유튜브 〈겨레말tv〉 1:33 부분 캡처 화면.

구사하지만, 여전히 많은 농인이 한국어 문법 구조를 힘들어한다.

북한 농인들도 조선말을 어려워한다는 사실에서 조선말과 조선손말의 문법 구조가 다르다는 것을 알 수 있다. 조선손말 역시 북한의 공용어인 〈조선말〉과 동등하기 때문에 조선말 문법 체계와 다른 것은 당연하다.

한반도가 분단된 지 75년이 넘었다. 그러니 언어에 변화가 있는 것은 당연하다.

문득 한국수어와 조선손말의 차이가 궁금해서 한번 찾아보았다. 차이 나는 단어의 예를 들면 다음과 같다. 기본적인 지화부터 조금 다른 양상을 보이며, 몇 가지 단어에서도 차이가 있다.

한국수어 〈도시락〉

한국수어 〈백신〉

조선손말 〈왁찐(백신)〉

북한이 우리와 같은 민족이라는 사실에는 변함이 없다. 한민족이기 때문에 같은 말과 글을 사용하는 것은 당연하지만, 분단된 이후 언어 표현이 점점 달라지고 있다. 통일 이후 언어 간 갈등에 대비하고 사회문화적 통합을 하루빨리 이루는 것이 중요하다. 이런 이유에서 남과 북이 공동으로 연구, 집필하는 『겨레말큰사전』 작업이 오랫동안 진행되어 왔다.

또한 남북 간 수어도 서로 다른 양상을 보여 남과 북이 손말사전 및 한국수어사전을 공동으로 연구, 집필하는 작업이 매우 중요하다. 하지만 아직 그러한 노력이 이루어지지 않고 있다. 특히 관련 편찬 사업에 농 당사자가 적극적으로 참여해야 함에도 참여 인력이 많이 부족한 상황이다.

남북 수어손말을 하나로 통합하고 편찬하는 작업은 통일을 여는 실천 방법 중 하나다. 〈데프누리〉가 앞장서 남북 수어 편찬 사업을 위해 더욱 노력해야겠다.

2
북한 농인이 궁금해

매미 울음소리로 시끄러운 여름도 농인들에게는 한결같이 고요한 계절이다. 어떻게 여름을 보낼까 고민하고 있는데, 마침 누군가가 찾아왔다. 생각지도 못한 방문에 반가움을 감출 수 없었던 우리는 크게 기뻐하며 그를 맞이했다. (다음은 유엔 장애인 권리 협약에 비추어 본 『북한장애인인권』과 『근대 장애인사』의 해당 내용을 가상의 대화 형식으로 인용, 혹은 쉽게 정리한 것이다.)

데프   안녕하세요, 북한에 관심이 많아 북한에 관한 이야기를 나누고 싶어서 찾아왔는데, 괜찮을까요?

누리   아, 그럼요! 저희야 반갑죠! 어떤 내용이 궁금한가요?

데프   북한에는 농인이 몇 명이나 있는지 궁금해요.

누리   한국에는 약 39만 명의 농인이 살고 있는데, 북한에는 약 35만 명의 농인이 등록돼 있고, 평양에만 2만 명의 농인이 살고 있다고 하네요.

데프   농인의 수는 우리나라와 별 차이가 없네요. 6·25 전쟁 이전에도 북한에 농인을 위한 학교가 있었는지 궁금하군요.

누리   저희도 궁금해서 여러 서적을 찾아봤는데,『근대 장애인사』에서 몇 개의 농학교 이야기를 발견했어요. 흥미로운 내용을 몇 가지 설명해 드릴게요. 먼저, 우리나라에서 언제 처음 농교육이 실시되었는지, 그리고 최초의 농학교가 어디인지 아세요?

데프   우리나라 최초의 농학교라……. 어디선가 얼핏 들었는데, 평양에서 시작된 걸로 알고 있어요.

누리   맞아요! 1890년으로 거슬러 올라가 볼까요. 로제타 셔우드 홀이라는 미국인이 있었어요. 그분은 미국에서 의

료 선교사로 활동하다가 1894년 평양에 와서 시각 장애인을 위한 교육에 헌신했다고 해요. 그러던 어느 날 중국 산둥성 체후에 있는 중국 최초의 농학교인 계음학교 방문을 계기로 농교육에 관심을 갖게 되었다고 해요. 평양으로 돌아온 그는 농교육 방법 연수를 위해 이익민이라는 사람을 중국 계음학교로 보냈어요. 이익민이 농교육을 공부하고 돌아와서 시각 장애인을 위한 〈평양맹학교〉를 설립하고 농교육을 실시했답니다. 이후 평양맹학교에서 평양맹아학교로 발전했고, 우리나라 최초의 농학교가 되었다고 해요. 그때가 1909년이었어요. 아! 평양맹아학교에 관한 재미있는 이야기가 있어요. 처음 평양맹아학교에서 실시한 농교육 방식은 구화법(독순술을 통한 음성 언어로 소통) 위주였어요. 하지만 아이러니하게도 농 학생들은 구화가 아닌 수어로 의사소통했대요. 저희도 농학교를 나왔기 때문에 그런 것에 더 공감해요.

데프　그럼 1909년에 처음으로 농교육이 실시된 거군요. 그리고 농학교에서 구화법 위주로 교육했지만 그걸 배우는 농 학생들끼리는 수어로 소통하는 환경이 조성되었고, 이렇게 농 커뮤니티가 형성되어 자연스레 농사회가 만들어졌군요.

참 흥미롭네요!

누리　맞아요. 또 다른 이야기도 들려 드리고 싶어요. 1913년에 일본 정부에서 고아 양육과 맹아자 교육을 운영하겠다며 조선총독부 관리하에 제생원을 설립했어요. 제생원에는 양육부와 맹아부가 있었는데, 맹아부에서 맹자와 농아자에게 교육과 일상생활에 필요한 기술을 가르쳤어요. 당시에는 농아자가 열한 명이었는데, 시간이 갈수록 농아자가 늘어났다고 해요. 당시에는 교육이 구화법 중심인 데다 일본어로 이루어졌어요. 이때도 기숙사에 있던 농 학생들은 자유롭게 수어를 사용했다고 해요. 그러다 보니 자연스레 그들만의 농문화가 형성되어 더 많은 수어를 만들어 냈다고 해요. 재밌지 않나요?

데프　정말 흥미로워요. 그것이 농사회 형성에 매우 핵심적 역할을 한 거네요. 대부분 농교육 기관은 다른 나라 사람이 설립했는데, 한국인이 설립한 최초의 농교육 기관은 어디인가요?

누리　오, 좋은 질문이에요. 최초로 한국인이 설립한 농학교는 평양 광명맹아학교예요. 이창호 목사가 1935년에 설립했죠. 처음에는 수어법 위주의 수업을 진행했는데 나중에 구화법으로 바뀌었다고 해요. 하지만 이 학교는 6·25 전쟁이 일어나고 이창호 목사가 월남하면서 폐교되었다고 해요.

데프   아, 그렇군요. 이창호 목사가 설립한 평양 광명맹아학교가 한국인이 설립한 최초의 농학교라는 사실을 알게 되어 뿌듯하네요. 그 학교를 시작으로 남한과 북한에 농학교가 계속 이어져 오는 거군요.

누리   맞아요. 『북한인권백서』(2022)에 보면 현재 북한에는 여덟 개의 농학교가 있어요. 삼봉, 함흥, 원산, 시중, 운전, 성천, 봉산, 봉천 농아학교이지요.

데프   생각보다 농학교가 많군요.

누리   맞아요, 사실 저희도 북한에 농학교가 이렇게 많을지 몰랐어요. 최근 대북 구호 단체들의 지원으로 장애인 학생들을 위한 교육 기관이 설립되고 있어요. 그중 하나가 〈투게

더 함흥〉이에요. 〈투게더 함흥〉은 독일에 본부를 둔 대북 구호 단체인데, 2016년 4월 북한에 최초로 농아유치원을 설립했어요. 이 단체는 북한 농아인들을 위한 수화 방송을 제작하는 등 장애인 교육을 위해 다양한 지원을 하고 있다고 하네요.

데프　북한에 또 다른 농학교가 세워졌다니, 관련 문서 발굴에 힘써야겠어요! 북한 농사회 현황에 대한 최근 자료가 업데이트 되기를 기다릴게요. 그리고 북한 내 장애인에 대한 인식 수준은 어떤지 궁금해요.

누리　북한에는 장애자보호법을 통해 장애인의 인권을 보호하기 위한 법적 체계가 갖추어져 있어요. 그러나 장애자보호법이 만들어진 지 15년이 넘었지만, 장애인에 대한 인식 수준은 매우 낮은 것 같아요. 대외적으로는 장애인에 대한 인식 개선을 위해 노력하고 있어요. 조선장애자보호연맹이라는 부서가 장애인 사업을 담당하고 있죠. 『손말학습』이라는 농인들을 위한 책을 출간하기도 했어요. 최근에는 패럴림픽과 같은 국제 교류에 활발히 참여하고 있어요. 그뿐만 아니라 2010년부터 조선장애자보호연맹 주최로 매년

단은 북한 장애인 사역을 가장 효과적으로 펼친 단체다.

국제푸른나무재단의 곽수광 대표님은 영국에서 시작해 베트남까지 긴 해외 출장을 마치고 귀국하자마자 바쁜 와중에도 인터뷰를 위해 소중한 시간을 내주셨다. 이 인터뷰를 통해 우리가 남북 장애인 교류 및 새로운 대한민국의 미래를 위해 무엇을 준비해야 할지 고민하는 계기가 되기를 바란다.

누리 곽수광 대표님, 안녕하세요! 바쁘신 가운데도 시간을 내주셔서 감사합니다.

곽 대표 안녕하세요. 인터뷰에 초대해 주고 저희 단체를 기억해 주셔서 감사드립니다. 오늘 인터뷰가 사람들에게 조금이라도 도움이 된다면 영광일 것 같습니다.

누리 감사합니다. 우선, 국제푸른나무에 대한 소개를 부탁드립니다.

곽 대표 알겠습니다. 수 킨슬러Sue Kinsler라는 분이 있어요. 한국 이름은 〈신영숙〉 선교사님이세요. 신영숙 선교사님의 딸이 장애인이어서 자연스레 장애인을 위한 사역을 하고 있었어요. 그러던 어느 날 우연한 기회로 북한에 가게 되었어요. 북한에 가서 장애인이 많다는 사실을 두 눈으로 확인했죠. 어쨌든 신영숙 선교사님은 북한 방문을 계기로 〈등대복지회〉라는 단체를 만들어 북한 장애인들을 돕기 시작했어요. 그때 제가 등대복지회 이사로 있었지요. 그러다가 2010년에 북한 사업을 더 확장하고자 〈국제푸른나무재단〉을 새로 설립했어요. 아, 혹시 연평도 포격전[2]이 터지던 날을 기억하나요? 그 일이 발생하고 3일 뒤 〈국제푸른나무재단〉 창립 예배를 드렸거든요. 당시 남북 관계가 완전히 끝났다면서 북한을 더 이상 도울 수 없다는 비관적인 분위기였거든요. 그런데 하나님께서 주신 〈해외에 있는 많은 동포와 함께

---

2 북한이 선전 포고도 없이 2010년 11월 23일 오후 2시 34분에 연평도를 포격한 사건이다. 이는 1953년 7월 휴전 협정 이래 민간인을 상대로 한 대규모 군사 공격이다. 북한의 포격이 한 시간가량 계속되었고, 민간인 두 명이 사망했다. 그리고 연평도에 있는 군부대에서는 해상 사격 훈련 중에 북한의 포격으로 군인 두 명이 사망했다. 포격이 일어난 다음 날 연평도 주민의 80퍼센트가 인천으로 대피했다. 민간인 사망자로 인해 전쟁이 시작될 수도 있는 심각한 상황과 다름없는 사건이다. 왜냐하면 천안함 피격 사건(2010년 3월 26일, 백령도 부근 천안함이 북한 해군 잠수정의 공격으로 선체가 피폭되어 배가 두 동강이 나면서 침몰한 사건)이 일어난 지 얼마 되지 않아 서해 5도 중 평화로웠던 섬마을 〈연평도〉에 포격을 가했기 때문이다. 이 사건은 우리가 기억해야 할 역사 기념일이다. 따라서 이들을 추모하는 것은 마땅한 일이다.

앞장서서 일하라〉는 비전을 경험한 거예요. 이렇게 해서 북한사업을 시작하게 되었죠.

누리 　예전에 어느 교회 소식지에서 국제푸른나무재단에 관한 내용을 본 적이 있어요. 그걸 보면서 곽수광 대표님께서 북한 장애인을 많이 사랑하시는 것 같아 정말 감동받았어요. 국제푸른나무재단을 설립하고 가장 먼저 진행한 사업은 무엇이었나요?

곽 대표 　국제푸른나무재단을 설립하고 가장 먼저 한 것은 북한에 있는 고아원을 돕는 일이었어요. 장애 아이들이 있는 고아원을 집중적으로 돕기 시작했어요. 그러면서 장애인들이 일자리를 얻어 자립할 수 있도록 기술을 기초부터 교육하는 사업도 했죠.

누리 　그렇군요! 한국의 많은 곳에서 장애인을 바리스타, 네일 아티스트, 예술인 등으로 양성하고 있습니다. 북한 장애인들의 자립을 돕는 사업과 관련하여 조금 더 구체적으로 들려주실 수 있을까요?

곽 대표　북한에서 장애인들의 자립을 위해 제일 먼저 시작한 직업 훈련은 태양열 전등 제작이었어요. 태양열 전등 조립 공장을 설립했지요. 태양열 랜턴을 조립하는 데 필요한 모든 부품을 중국에서 사 와요. 단순한 일 같지만, 장애인들이 이것을 조립해서 시장에 팔 수 있도록 돕는 것이기 때문에 중요한 사업이라 할 수 있지요. 안경테를 만드는 공장도 세워 장애인들이 안경 제작 기술을 배울 수 있도록 돕고 있어요. 또한 묘향산에 아주 좋은 나무가 많은데, 그것을 깎아서 숟가락, 젓가락 세트를 만드는 일도 했어요. 이것을 한국에서 판매하기도 했고요. 원산 지역에서는 절단 장애인을 선별해서 이들의 자립을 돕고 있어요. 예를 들어 오토바이를 사주고 이것을 활용해 배달일을 할 수 있도록 하는 거지요.

누리　와, 생각보다 사업이 많네요.

곽 대표　아, 사실 저희가 북한 장애인들을 도우면서 잊을 수 없는 기념비적인 일이 두 번 있었어요. 첫 번째는 북한 장애인들이 체육활동을 할 수 있도록 도운 결과, 2012년 런던 패럴림픽에 처음 공식 선수로 출전한 것이지요. 두 번째는 김

북한 장애인들이 자립할 수 있도록 도와주는 직업 훈련.

정은 위원장과 트럼프 대통령이 싱가포르에서 회담을 가지던 날 직후 있었던 일이에요. 북한 장애인 정책을 총괄하는 〈조선장애자보호연맹〉, 즉 조장연이 핵심 관계자들을 싱가포르에 초대해 한국 장애인 단체 대표님까지 모시고 갔어요. 처음으로 남북한이 한자리에 앉아, 각각의 나라에서 장애인을 위해 무슨 일을 하는지 발표하기도 했어요. 그 자리에 아시아 태평양 지역 대표가 오셔서 마이크로소프트가 장애인을 위해 개발하는 신제품들을 소개해 남북 양쪽에서 많은 아이디어를 공유했지요.

누리 　와, 북한 장애인이 올림픽에 공식적으로 출전한 것,

그리고 싱가포르에서 남북 핵심 관계자가 한자리에 모여 남북 장애인을 위해 어떤 일을 할 수 있는지 이야기를 나눈 것은 의미가 큰 것 같아요.

곽대표　네, 싱가포르 회담을 계기로 저희는 북한 장애인을 위한 직업 전문 교육 기관을 만들어야겠다는 비전을 확고히 세우게 됐어요. 그래서 2020년 2월 두 번째로 런던에서 남북한 핵심 관계자들이 모여 남북 장애인을 위한 심포지엄을 진행하려고 했는데, 코로나로 인해 북한이 참석하지 못하게 되었어요. 그리고 런던 시내에서 제일 오래된 전문대학교와 함께 북한 장애인을 대상으로 하는 베이커리 학교를 세우겠다는 야심 찬 계획도 코로나 때문에 모두 멈춰야만 했죠. 다행히 유럽에서 북한을 돕던 많은 분이 모여 〈어떻게 하면 북한에 지속 가능한 도움을 줄 수 있을까〉를 주제로 심포지엄을 열었어요. 심포지엄에서 한동대 출신 임정택 대표가 세운 히즈빈스 카페와 KT가 공동 개발한 지적 장애인 바리스타 직무 훈련용 브이로드V-Rod를 발표했어요. 브이로드는 VR 기기인데, 이를 쓰면 장애인의 인지 능력을 고려해 3D로 구현한 가상 카페 공간에서 커피 머신을 조작하고, 음료를 만드는 연습을 하도록 돕는 콘텐츠예요. 이 발표를 통해 그 자리에 모인 사람들이 북한에서 신기술과 함께 멀티미디어를 이용한 장애인 직업 교육을 어떻게 진행하는 것이 좋을지 열띤 토의를 나누었어요.

누리　코로나가 평범한 일상을 많이 빼앗아 간 것 같아요. 그러면 이제 농인 입장에서 농인 중심의 질문을 드리고 싶어요. 북한에는 농학교가 여덟 곳 있다고 하셨는데, 그곳 농인과 관련된 사업 경험을 구체적으로 들려주실 수 있을까요?

곽 대표　코로나 때문에 3년 이상 북한에 가지 못해 정확히 기억나지는 않지만, 열한 개의 장애인 학교 중 농학교가 여덟 개일 거예요(북한 보통교육은 학업 내용과 특성에 따라 모두 일곱 가지로 나누는데, 그중 다섯 번째에 장애자 교육을 위한 맹·롱아학교가 포함됨). 우즈베키스탄에서 농인 축구단 감독을 했던 이민교 선교사님을 모시고 북한에 갔어요. 북한에서 농인 축구단을 창립할 수 있도록 이민교 선교사님을 연계해 드렸어요. 무엇보다 남북 교류에서 남북손말수어를 통일하는 것이 중요한 과제이기 때문에 관련 일도 하고 있어요. 실제로 싱가포르 심포지엄에 KT통신 사례공헌 팀과 같이 갔는데, 그중 부장님의 딸이 시각 장애인이었어요.

그분이 점자에 관심이 많아 여러 루트를 통해 점자 사전을 만들어 놨어요. 이처럼 남북손말수어사전 편찬이 중요하다고 할 수 있겠죠.

누리　맞습니다. 한국수어와 조선손말이 다르기 때문에 관련 연구가 더 필요한데, 조선손말 자료가 많지 않다 보니 여러모로 어려움이 있어요. 그래도 한국수어와 조선손말사전 편찬 작업이 진행되면 좋겠어요.

곽대표　결국은 남한에서 제일 관심 있는 일을 북한에서도 제일 잘하는 것 같아요.

누리　그러네요. 북한의 장애인에 대한 인식 수준이 어느 정도인지 궁금한데요.

곽대표　런던 올림픽 참가 이후 장애인에 대한 인식이 획기적으로 달라졌어요. 런던 올림픽에 출전하기 전 선수를 선발하고 전지 훈련을 하기 위해 북한 장애인 선수단을 베이징으로 데려가야 했어요. 이들이 비행기를 타러 가는 길이 완전히 울음바다였어요. 왜냐하면 국가를 대표해서 무언

조선손말을 배우고 있는 북한의 농학교 수업과 어린이들.

가 할 수 있다는 것이 감격스러웠기 때문이죠. 안타깝게도 베이징에서 지역 예선을 통과하지 못해, 딱 한 명만 간신히 출전하게 됐어요. 비록 한 명이지만, 북한 선수가 올림픽에 출전하니 전 세계에서 주목했어요. 여기저기서 언론 기사가 나오니까 북한에서도 장애인들에게 잘하는 것이 문명 국가, 인권이 있는 국가라는 것을 보여 준다는 사실을 실감하게 된 거죠. 그 일을 계기로 장애인에 대한 인식이 획기적으로 변했고, 복지 정책도 개선되기 시작했어요. 새로 짓는 건물마다 장애인을 위한 화장실이 따로 마련되고, 평양 순항 공항에 장애인을 위한 주차 공간이 따로 마련되었어요. 평양 시내에 장애인들만을 위한 택시가 다니기 시작했고요. 모든 면에서 장애인에 대한 인식이 달라지고 있죠. 장애인들에게 잘해 주는 것이 국가적 위신을 세우는 일이라고 생각하기 때문에 여러모로 많이 좋아졌다고 할 수 있지요.

누리 런던 올림픽 참가를 계기로 장애인을 보는 시선이 획기적으로 변했다니 정말 놀랍네요.

곽 대표 북한은 하나의 체제이다 보니 국가가 〈장애인에게 잘해줘!〉라고 결정하는 순간 모두가 잘해 주는 분위기가 형

누리 지금은 코로나 때문에 중단된 건가요?

곽 대표 네, 그 사업을 위해 2020년 영국에서 열린 포럼에 참석했어요. 그 포럼 직전인 2019년 12월 평양에 갔는데, 그게 마지막 방문이었어요. 코로나로 북한의 국경이 완전히 닫혔고, 지금까지 아직 열리지 않고 있지요. 어쨌든, 그때 북한에 들어간 이유는 호주에서 몇십 년 동안 북한을 위해 일하신 목사님과 조선장애자보호연맹이 공동으로 투자해서 만든 건물을 보기 위해서였어요. 북한에 그 목사님의 친척이 많이 계시는데, 그분이 친척들을 돕기 위해 모두 고용해서 칠골 민속관이라는 식당을 운영하셨거든요. 그런데 칠골 민속관의 장사가 잘되니까 조선장애자보호연맹에서 굉장한 특혜를 줬어요. 칠골 민속관 옆에 장애인을 위한 5층짜리 교육센터 건물을 짓기 시작했지요. 건물을 다 지어 놨는데, 그 목사님의 연세가 많아 건물에 들어갈 기자재라든지 교육 커리큘럼 제작에 너무 벅차 하셨어요. 저희 국제푸른나무재단과 같이했으면 좋겠다는 이야기가 나와서 목사님과 함께 그 건물을 방문했지요. 그 건물을 장애인과 비장애인이 함께하는 직업 교육 학교로 만들려고 했는데, 코로나 때문에 사업이 중단되고 말았죠.

누리 코로나가 하루빨리 종식되어 센터가 설립되었다는 소식을 듣고 싶네요. 한국에서도 장애인과 비장애인이 함께하는 센터가 늘어났으면 좋겠는데, 아직 많이 부족한 상황이니 앞으로 많은 노력이 필요하겠다는 생각이 드는군요.

곽 대표 네, 홍정길 목사님이라는 분이 굿윌스토어라는 걸 시작하셨어요. 오랫동안 일하신 경험에 따르면 장애인들끼리만 일하는 일터는 너무 힘듭니다. 비장애인과 장애인이 함께 서로 도와주면 여러 가지로 시너지가 크거든요. 장애를 가진 분이 더 잘할 수 있는 영역들이 더 드러나게 하려면 비장애인의 도움이 필요합니다.

누리 맞습니다. 저도 장애인이지만 다른 장애인분들과 함께 일하면서 시너지 효과를 경험한 적이 있습니다. 그렇기 때문에 장애인들만 일하기보다 비장애인과 함께하는 환경이 조성되면 훨씬 더 효과적일 거라는 생각이 드네요. 국제 푸른나무는 북한 장애인 사역을 전문으로 하는 단체가 확실하네요.

곽 대표 사실, 북한 장애인 사역을 전문으로 하는 단체가 한국에 많지 않아요. 그래서 코로나 이전에 북한 사역만 전문으로 하는 단체 몇 개가 모여 IDF(국제장애기금)를 만들었어요. 장애인을 돕는 사역만큼은 남한에서 먼저 통일을 이뤄 보자는 의미에서 시작했는데, 뜻이 너무 좋았던 것 같아요. 저희가 싱가포르에서 북한 조장연 대표를 만나 그 얘기를 했더니 너무 좋아하는 거예요. 그가 〈여기에 가입하겠다. 말레이시아, 싱가포르, 일본 장애인협회를 모두 초청해서 국제적으로 연대하는 조직을 만들자〉고 제안해 너무 기뻤어요. 그래서 싱가포르 포럼이 끝나고 마지막 시간에 선언을 만들었는데, 그 내용 중 하나가 〈IDF를 통해 앞으로 북한 장애인 사업을 국제적으로 한다. 우리가 북한을 일방적으로 돕는 차원이 아니라 북한과 힘을 합쳐 일하는 방향으로 가야 한다〉였어요.

누리　우아, 남북한이 힘을 합쳐 여러 나라를 위해 오히려 도움을 준다면 정말 의미 있을 것 같아요. 어려운 일 같지만, 그래도 가슴이 두근거리는군요. 대표님은 코로나가 종식되어 북한에 다시 들어간다면, 제일 먼저 하고 싶은 일이나 사업, 드시고 싶은 음식, 가벼운 소망 같은 게 있으세요?

곽 대표 북한에 가면 옥류관에서 냉면을 다시 먹고 싶어요. 북한에 세 번 갔다 왔는데, 항상 일만 하고 돌아왔어요. 다시 간다면 북한의 아름다운 곳을 돌아보고 싶어요. 그러나 무엇보다 코로나 이전 북한 장애인들을 위해 일했던 우리 동지들을 빨리 만나 보고 싶습니다.

누리 옥류관을 말씀하시니, 옥류관의 냉면 맛이 무척 궁금한데요. 북한에 다시 가서 북한의 아름다움을 맘껏 누리고 오셨으면 좋겠습니다. 그러면 인터뷰를 마무리하기 전에 마지막으로 여쭤 보겠습니다. 우리 젊은 세대는 통일에 대해 많이 부정적인데, 그런 젊은 세대들과 농인에게 건네주고 싶은 이야기가 있을까요?

곽 대표 우리 젊은 세대는 〈우리도 살기 힘든데, 괜히 통일하면 우리가 북한에 무조건 퍼줘야 하는 것 아닐까? 우리의 기회를 뺏기는 것 아닐까?〉 등과 같은 피해의식을 가지고 있어 통일을 원치 않거나 무관심한 것 같아요. 사실 국제푸른나무가 제일 열심히 하는 것은 남한의 청년 세대, 다음 세대들을 통일 운동의 장으로 끌어들이는 일입니다. 통일은 단순히 경제적으로 우리에게 이익이 더 있느냐 없느냐 차원의

장애인과 비장애인이 함께 어울리는 모습.

문제가 아닙니다. 민족의 자립성과 얼[3]을 회복하고 우리 민족이 하나 되면 많은 상처가 치유되고, 전 세계가 축복하는 그런 놀라운 나라가 될 수 있다는 인식을 가져야 할 것 같아요. 통일하면 통일 비용이 엄청나게 들겠지만, 그로 인한 기회비용이 훨씬 더 클 것이 분명해요. 우리 민족이 하나 되면 장애를 가진 분들에게 살기 좋은 사회가 될 겁니다. 사실 남과 북이 나뉘어 있어 분단비용(군사비용 등)이 너무 많이 들어가는데, 이런 대치 상황이 해소된다면, 한국 장애인을 위한 혜택이 크게 달라질 거라고 생각합니다. 국가 간 통일 또는 정치적 통일 이전에 남과 북 주민들의 마음이 먼저 하나가 돼야 합니다. 그러기 위해 농인은 농인끼리, 시각 장애인

3 〈얼〉은 〈정신〉, 또는 〈혼〉이라는 뜻을 지니는 우리의 고유어.

은 시각 장애인끼리 만남을 많이 가져야 합니다. 참, 만나는 과정에서 신기한 게 있어요. 북한 사람들을 만나 하루만 같이 있어도 정말 헤어질 때 다 눈물을 흘려요. 같은 민족이라는 엄청 끈끈한 게 있어요. 그런 것을 경험할 기회가 많아지면 좋겠습니다.

독일 농인이 바라본 북한

누리   로베르트는 4대째 농가족에서 자라 〈북한에 농인이 없을 리 없다〉고 생각한 것 같아요. 그래서 북한에 직접 들어가셨나요?

로베르트   이야기가 아직 안 끝났어요. (웃음) 저희 가족은 전 세계를 누비며 여행하는 것을 좋아했어요. 부모님께 여행을 빌미로 북한에 가보자는 제안을 했어요. 그러나 부모님은 엄청 반대하셨죠. 저 혼자라도 북한에 가고 싶었지만 그 당시 저는 겨우 열다섯 살이었어요. 독일에서는 열여덟 살 이상이어야만 부모의 허락 없이 여행을 자유롭게 다닐 수 있었기 때문에 북한에 갈 수 없었죠. 부모의 허락 없이 북한에 가려면 열여덟 살 때까지 기다려야만 했어요.

누리   그래서 열여덟 살까지 기다렸다가 북한을 방문한 건가요?

로베르트   북한 방문을 위해 돈을 조금씩 모으다 보니 3년이 지난 거예요. 열여덟 살이 되자마자 바로 베를린에 있는 북한 대사관을 찾아갔어요. 하지만 비자 발급을 거절당했어요. 대사관 측에서 말하기를, 〈로베르트는 농인이지, 심지어 아직 학생 신분이지, 나이도 어리지……〉. 그런 이유로 거절당했어요. 생각보다 많은 상황이 북한 방문을 막으니 도리어 북한에 가고 싶은 간절함이 더 커졌어요. 북한 방문보다 북한 농인과의 만남이 너무나 절실했어요. 대사관을 무작정 찾아가고 또 찾아가고 그랬죠. 무릎을 꿇기까지 했어요. (웃음) 1년 만에 드디어 북한 비자 발급이 이루어졌어요. 열아홉 살 때였어요. 제가 산 북한여행 상품은 10일짜리였는데, 비용이 사악할 정도로 비쌌어요. 북한 여행 비용이 엄청나다는 걸 알고 있었기 때문에 열다섯 살 때부터 돈을 조금씩 저축했죠. 다시 생각해 봐도 시기상 저축할 수 있는 3년이라는 시간이 너무 고맙더라고요. 그 덕분에 마침내 북한 방문을 실현할 수 있었으니까요. 어쨌든, 그토록 원했던 북한 방문 꿈이 열린 셈이죠. 북한으로 가는 비행기를 타는데 가슴이 두근거리지 않을 수 있겠어요? 심장이 쉴 새 없이 쿵쾅거릴 정도로 행복했어요. 드디어 북한에서 10일간의 여정이 시작됐어요. 북한 여행 목적은 오로지 북한 농인을 만나는 것이었어요. 북한 문화, 음식을 알아볼 생각도 안 하고 북한 농인을 만나는 것에 미쳐 있었어요.

누리　3년이라는 시간은 어떻게 보면 짧으면서도 길잖아요.

그동안 북한 방문에 대한 절실함도 더 커졌을 것 같아요. 북한으로 향하는 비행기 안에서 내내 가슴이 쿵쾅거렸다는 이야기를 들으니, 로베르트의 그때 당시 기분이 생생하게 느껴져요. 북한에서의 여정에 대해 들려주실 수 있을까요? 북한 여행 목적은 〈북한 농인과의 만남〉이라고 여행사에 말해 놨는지, 아니면 북한 여행 도중 북한 농인을 찾아다니신 건지 궁금해요.

로베르트 북한 여행을 함께한 가이드는 두 분이었어요. 한 분은 조선말, 다른 한 분은 독일말이 가능했어요. 저는 농인이어서 가이드 두 분과 필담으로 소통했죠. 두 분의 가이드한테 매일매일 질문했어요. 무슨 질문이었을까요?

누리 북한 농인?

로베르트 맞아요. (웃음)

누리 이야기가 흥미진진한데요. 북한에서 농인을 만났나요?

로베르트 북한을 여행하는 동안 농인에 대한 정보를 물으려고 했지만, 돌아오는 답변이 없었죠. 마치 농인이 전혀 없는 나라인 것 같았어요. 아쉬움을 안은 채 독일로 돌아왔죠. 귀국하자마자 부모님이 물어보셨어요. 〈로베르트, 북한에서 농인을 만났니?〉 못 만났다고 하니, 〈봐, WFD에서 말한 게 맞다니까. 북한에는 농인이 없어〉라고 하셨죠. 하지만 저는 북한 농인과의 만남을 포기하고 싶지 않아, 베를린에 있는 북한 대사관을 또 방문했어요. 비자 발급을 요청하려고요. 대사관 직원이 물어보더라고요. 〈로베르트, 북한에 또 가려는 이유가 뭔가요?〉 제가 답했죠. 〈북한에서 농인을 못 만났으니까요!〉 그렇게 해서 비자를 다시 발급받았고, 여행 상품을 샀어요. 체류 기간이 긴 상품을 사고 싶었지만, 주머니 사정에 맞게 짧은 5일짜리 여행 상품을 샀어요. 첫 번째 여행 때 함께해 준 가이드와 또 만나 5일 동안 함께했어요. 그 가이드에게 농인에 대한 질문을 계속 던졌죠. 그 가이드가 고개를 절레절레하면서 말하는 거예요. 〈로베르트, 진짜 끈질기다. 언제까지 그럴 거야? 독일로 빨리 돌아가.〉 그 정도로 북한 농인과의 만남에 대한 제 간절함은 너무나 컸죠. 하지만 두 번째 여정에서도 북한 농인을 못 만났어요. 성과를 거두지 못한 채 귀국하자 친구들도 포기하라고 말리는 분위기였죠. 그러나 저는 포기하고 싶지 않았어요. 그래서 또 곧바로 북한 대사관을 방문했죠. (웃음) 그때가 2006년 2월이었어요. 너무 추운 계절이었죠. 혹시 아세요? 김정일의 생일이 언제인지?

누리　잘 모르겠어요.

로베르트　(웃음) 북한 사람들은 김정일의 생일을 무조건 알거든요. 2월 16일이에요. 김일성의 생일은 4월 15일이고요. 그때는 2일 동안 무조건 공휴일이에요. 북한을 방문했을 때, 시기상 김정일 생일과 가까웠어요. 북한 여행 중에 김정일 생일인 2월 16일 행사에 참석했죠. 그다음 날인 17일에 가이드가 갑자기 〈준비했다〉며 나를 불렀어요. 설마 북한 농인을 찾은 거냐는 내 물음에 가이드는 아무런 대답도 하지 않은 채, 차를 타고 함께 어딘가로 가자고만 했어요. 가이드를 따라가니 〈장애인중앙회〉라고 적힌 건물이 서서히 보였어요. 그 건물 앞에 멈춰 차에서 내리자마자 엄청난 사람들이 우르르 나오는 거예요. 그런데 어떤 사람이 농인인지 분간이 안 되었어요. 농인은 눈에 보이지 않는 장애인이니까요. 사람들에게 물어보고 물어본 끝에 세 명의 농인이 있

을 거라고 생각하는 것처럼, 북한에 사는 농인도 본인 나라에만 농인이 있다고 생각했다니 말이에요. 여기서 문득 생각이 들었죠. 〈북한도 WFD 회원국에 가입시켜야겠다!〉

2
15년간의 북한 사업 활동

누리　북한에서 농인을 만났다니, 로베르트가 그토록 바라던 꿈이 이루어진 셈이네요! 북한 농인과의 만남을 계기로 결심한 게 있으면 들려주세요.

로베르트　북한 농인들이 수어하는 모습을 영상에 담은 비디오를 가져와 세계농아인연맹WFD에 제출했죠. WFD에서 그 비디오를 보자마자 〈북한에도 농인이 있다니!〉 하며 놀라움을 감추지 못하더라고요. 어쨌든 저는 북한을 세 번 방문한 끝에 북한 농인을 만난 일 자체가 너무 기뻤죠. 그 기쁨은 말로 표현할 수가 없어요. 저는 독일로 귀국하자마자 4일 만에 북한 대사관을 또 방문했어요. 왜 또 방문했을까요?

누리 북한 농인들과 이야기를 더 하고 싶어서 그런 것 아니세요?

로베르트 (웃음) WFD에서 나한테 큰 일을 맡겨 주었어요. WFD의 특사로 평양에 가서 일해 달라고 말이죠. 이번에는 평양에 가서 일하기 위해 북한 대사관을 방문했던 겁니다. 그렇게 해서 조선장애자보호연맹 중앙위원회(조장연)와 WFD가 협약을 맺은 후, 2008년부터 4년 동안 평양에서 일하며 살았죠.

누리 끈질긴 노력이 드디어 결실을 본 거군요. 이를 계기로 〈투게더 함흥〉이 설립된 건가요?

로베르트 맞아요. 정말 끈질긴 노력을 몇 년 동안 해왔는지 모르겠어요. (웃음) 북한에 농인이 있다는 것을 알게 되었고, 이들의 생활을 향상시키기 위한 사업을 진행하고 싶다는 꿈이 생겼어요. 어떤 사업을 해야 이들을 효과적이고 현명하게 도울 수 있을까? 이들을 위한 통합 학교가 있으면 좋겠다는 생각이 들었어요. 때마침 2008년 5월쯤 북한으로부터 청각·시각 장애 아동과 비장애 아동을 위한 통합 교육 센터를 설립해 달라는 요청을 받았어요. 대상을 농인뿐만 아니라 시각 장애인, 다른 장애 어린이로 넓히려니 자금이 어마어마하게 필요했어요. 자금을 조달하기 위해 〈투게더 함흥〉을 세우게 됐어요. 규모가 큰 사업을 책임지고 할 수 있을까 걱정이 많았죠. 그때 평양 주재 독일 대사관 토마스 셰퍼 대사가 계속 힘을 주셨어요. 그렇게 힘을 얻어 대상자를 천천히 늘려 보자는 마음으로 사업을 시작했어요. 그 당시 제 나이가 스물세 살이었으니 규모가 큰 사업을 맡기고 사업을 부탁했을 때 심리적으로 부담이 컸을 거예요. 사업비를 지출하려면 법인 등록이 필수잖아요. 저는 법인 등록 절차며 행정 처리에 대해 아무것도 몰랐어요. 직접 부딪히며 모든 것을 스스로 배워 나갔어요. 다시 돌아보니 회계 처리, 사업 진행, 사업 보고 등 행정 업무를 참 많이 배운 것 같네요. 이제 모든 것이 추억이 되었으니 기분이 참 오묘해요. 스물세 살이니 체력이 팔팔했을 것 아니에요? (웃음) 사업을 하고자 하는 열정이 불타오를 때였죠. 그때는 무엇을 하든 체력이 금방 소모되지 않았는데, 지금은 체력이 따라오지 않고 금방 소모되더군요. (웃음)

누리 로베르트는 〈평양〉에서 지낸 걸로 알고 있는데, 단체

명을 〈투게더 평양〉이 아니라 〈투게더 함흥〉이라고 지은 이
유는 뭔가요?

로베르트 네, 함흥은 북한에서 두 번째로 큰 도시예요. 조
선은 일본의 식민지가 된 아픈 역사를 갖고 있잖아요. 일본
의 조선 침략 동안 조선으로 건너온 일본인이 많았어요. 이
들은 자신들의 이익을 위해 일본 제국의 통치 체제에 적극
협조하면서 폭압적이고 악랄했죠. 일본의 식민지 정책에는
한국어 사용 금지, 역사 왜곡을 통한 정신 문화 개조 등이 포
함되어 있었어요. 어쨌든 조선에 건너온 일본인 중 건축 설
계 기술을 가진 사람이 많았어요. 그런데 일본이 제2차 세계
대전에서 패전한 거예요. 그러자 일본 사람들은 본국으로
돌아갔죠. 그러다 보니 조선에서 일본 기술자가 사라졌어
요. 그리고 얼마 안 되어 일어난 6·25 전쟁으로 개성을 제외
한 모든 지역이 폐허가 되었죠. 함흥도 재건 사업을 해야 하
는데 기술자가 없으니까 북한 정부는 남자들을 동독으로
보냈어요. 그 당시 동독은 사회주의 국가였고, 북한 역시 사
회주의 체제였으니, 젊은 북한 남자들을 동독에 보내 여러
기술을 배우도록 한 거죠. 어떤 북한 남자는 독일 여자와 결
혼해 아이들까지 낳았어요. 그런데 북한 정부가 북한의 동

유럽 지역 유학생을 대거 소환하는 조치를 내렸어요. 이 조치로 인해 북한 남자들은 동독인 아내 및 아이들과 이별한 채 북한으로 돌아와야만 했어요. 북한 남자와 결혼한 동독 여자는 남편 없이 혼자 아이를 키우는 사람이라고 욕을 많이 먹었어요. 아무튼, 동독에서 폐허가 된 함흥을 재건하기 위해 건축 전문가들을 북한에 보냈어요. 그 덕분에 여러 시설이 건축되었고 재건을 이끌 수 있었죠. 함흥 지역은 동독의 지원을 받았고, 여러 시설이 동독인들에 의해 지어졌어요. 그래서 함흥하면 동독이기 때문에 〈투게더 함흥〉이라는 이름을 지은 것 아닐까 싶어요. 함흥 지역을 직접 가봤는데 정말 동독(지금의 독일)과 비슷하더라고요. 물론 자세히 들여다보면 아주 다르지만, 독일과 많이 닮아 신기하고 놀라웠어요. 대부분 육교(다리)는 독일 건축가가 지었을 정도였죠.

누리   아, 그런 스토리가 있었네요. 함흥 건축물에서 독일과 비슷한 구석이 보인다니 신기하네요. 그렇다면 평양 어디에서 사셨고, 어떻게 일했는지 들려주실 수 있을까요?

로베르트   평양에 문수동이라는 지역이 있는데, 여기는 외국인들이 지내는 곳(외국 공관)이에요. 저는 불가리아 대사관 숙소에서 지냈어요. 평양에서 일하는 동안 북한 농인들과 자유롭게 만나도 되지만, 일이 끝난 후 문수동에 가서 머물러야 하기 때문에 특성상 늦은 저녁에 북한 농인들과 자유롭게 만날 수 없었어요. 물론 외국인 장기 체류증이 있기 때문에 평양 시내를 자유롭게 돌아다닐 수 있었지만, 그래도 어려움이 많았어요. 문수동 안에서는 사람들과 자유롭게 만날 수 있었지만 모두 청인 위주였어요. 농인이 나밖에 없어, 늦은 저녁 동안 평양 농인들과 시간을 갖고 싶었어요. 그래서 외무성 관계자한테 평양 시내로 이사하게 해달라고 요청했어요. 외무성 측에서는 안 된다고 단호하게 거절했죠. 계속 거절했지만 저도 평양 시내로 이사하게 해달라고 계속 요청했어요. 외무성 측 관계자가 저한테 〈로베르트는 외국인이니, 외국인들이 모여 지내는 문수동에서 지내면 되지 않느냐〉고 물었어요. 그래서 〈거기 사람들은 모두 청인입니다. 농인은 나 혼자밖에 없어요. 그래서 평양 농인들과 저녁 식사도 하고 맥주도 같이 마시면서 수다를 떨고 싶습니다〉라고 말했죠. 결국 대사관 측에서 제 마음과 상황을 이해해 줘 저녁 6~7시까지 평양 농인들과 저녁을 같이 먹고 수다를 떨고 통금을 지키도록 합의해 줬어요. 덕분에 평양 농인들과의 만남 횟수를 점점 늘려 나갔어요. 이것이 큰 기쁨이 되었죠.

누리 저희도 큰 기쁨을 얻은 기분이네요! 평양에서 어떤 일을 했는지 자세히 들려주실 수 있을까요?

로베르트 평양에서 일하는 동안 잊을 수 없는 일이 많아요. 조선롱인협회[6] 설립이라든가 WFD 회원국 가입 등의 일이 있었어요. 그중 하나가 조선롱인협회 회장을 장애인으로 앉히는 거였어요. 처음에 조선롱인협회 회장을 만났는데, 청인이어서 화가 났죠. 원래 여성 단체 회장은 여자여야 하고, 갤러뎃 대학교(미국의 농인 대학교)의 총장이 농인인 것처럼, 장애인협회 회장이라면 당연히 장애인이어야 하잖아요. 그런데 조선롱인협회 회장으로 농인을 앉히고 싶어도 학교 교육을 이수한 농인이 많이 부족한 것이 문제였던 거죠. 그만큼 북한 장애인의 교육 수준이 낮아요. 그래서 북한 농인에게 교육을 실시해야겠다는 생각이 들었죠. 어쨌든 1년 가까이 설득한 끝에 조선롱인협회 회장을 농인으로 앉혔어요. 다만 조선장애자보호연맹 중앙위원회와 조선롱맹

6 북한 정부의 승인에 따라 2012년 12월 14일에 조직된 롱인 자립 조직이다.

2장 독일 농인이 바라본 북한

경제문화교류사는 단체 특성상 교육에 초점을 두기 때문에 회장을 비장애인으로 두기로 했어요.[7] 저는 조선롱인협회 대표가 농인이었기에 그분과 회의하고 소통하는 데 문제가 전혀 없었어요. 하지만 조선장애자보호연맹 중앙위원회와 조선롱맹경제문화교류사와는 소통에 어려움을 겪었죠. 여기서 농인과 청인의 소통에 수어 통역이 필요하다는 것을 느꼈어요. 그 당시 북한에는 청인과 농인 간 통역 시스템이 부재했거든요. 이를 계기로 코다[8]를 불러내 통역을 부탁하며

7   조선장애자보호연맹 중앙위원회가 엄마와 같은 존재라면, 조선롱맹경제문화교류사는 자식과 같은 존재로 서로 떨어질 수 없는 관계다. 조선롱맹경제문화교류사는 조선장애자보호연맹 중앙위원회의 산하 조직으로 2012년 12월 14일 창설되어 나라의 롱인들과 맹인들의 경제문화 활동을 개선하기 위한 롱, 맹 관련 전문 기관이다. 여기에는 조선롱인축구단과 롱인 건재제작소, 손말조기양성반과 손말통역원양성실이 있으며 자립 조직 능력을 갖춘 조선롱인협회, 조선맹인협회, 조선손말통역원협회와 긴밀한 협력 관계를 가지고 롱인, 맹인 관련 전반 사업을 진행하고 있다. 조선롱맹경제문화교류사는 조선 민주주의 인민 공화국 사회주의헌법과 장애자보호법을 비롯한 국가의 법과 규정들, 장애자들의 권리에 관한 유엔 협약의 요구를 철저히 관철하여 롱인들과 맹인들의 권익을 대변하고 그들이 사회생활 모든 분야에 적극 참가하도록 하며 롱인, 맹인 관련 국제기구들과 세계 여러 나라 민족협회와의 친선과 협조, 교류를 확대 발전시켜 나가는 것을 기본 임무로 내세우고 있다.

8   농부모에게서 태어난 자녀를 일컫는 말이다. 이들은 음성 언어보다 수어를 먼저 익히며, 어렸을 때부터 수어로 부모와 의사소통한다. 농인이 아니지만, 수어를 모국어처럼 구사하는 경우가 많다. 농문화와 청인 문화에 모두 익숙해 농인과 청인의 가교 역할을 하며 농인을 세상에 알리는 일을 하기도 한다.

문제점을 해결해 나가기 시작했어요. 그러다가 2014년쯤 조선손말통역원협회가 세워졌어요. 아, 혹시 아세요? 조선손말통역원협회가 한국보다 빨리 세워졌다는 사실을?

누리　어, 그렇군요. 한국수어통역사협회는 2016년인가 2017년에 세워진 걸로 알고 있어요.

로베르트　맞아요. 한국에서는 2016~2017년 사이 한국수어통역사협회가 세워진 걸로 알고 있어요. 어쨌든 조선손말통역원협회가 설립되고 몇 년 지난 2018년쯤 세계수어통역사협회WASLI에 일반 회원으로 가입했어요. WASLI는 전 세계적으로 수어 통역 작업 발전을 목표로 하는 단체예요.

누리　와, 대단하네요. 우리나라는 2019년쯤 한국수어통역사협회가 WASLI 한국 대표 멤버로 가입한 걸로 알고 있어요. 조선손말통역원협회가 설립되었을 때, 매우 뿌듯하셨을 것 같아요.

로베르트　맞아요. 말로 표현할 수가 없었죠. 너무 뿌듯했어요. 조선손말통역원협회 회장은 청인인데, 20년 가까이 알고 지냈기 때문에 정말 친해요. 처음에 그분이 조선손말통역원협회가 굳이 세워져야 하는지, 그 필요성을 잘 모르겠다고 하셨어요. 하지만 이제는 〈수어 통역 문의가 엄청 많이 온다며, 수어통역센터의 필요성을 잘 알겠다〉고 하시더라고요. (웃음)

누리 조선손말통역원협회에도 통역 문의가 많이 들어오는 것을 보니, 북한에서도 농인의 권리 보장을 위해 많이 노력하는 것 같군요. 농인에게는 수어 통역 센터가 꼭 필요하죠. 너무 중요한 일을 하셔서 입이 다물어지지 않네요.

로베르트 (웃음) 당연히 해야 한다고 생각했어요. 감사합니다.

누리 이쯤 되니, 북한 농인들이 처음 해외로 떠난 곳은 어디인지 궁금해지는데요. 튀르키예가 맞나요?

로베르트 한국 농인 대부분은 북한 농인이 한국 농인과의 첫 만남이 튀르키예 WFD 때 이루어졌기 때문에 북한 농인이 그때 처음으로 해외에 나간 걸로 알고 있을 것 같아요. 하

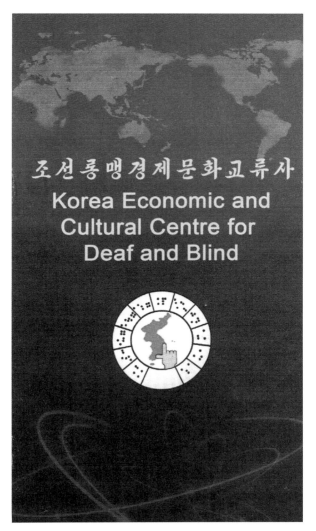

조선롱맹경제문화교류사의 다양한 활동을 다룬 팸플릿.

농인들에 대한 사회적인식을 높이고 직업활동을 개선하기 위한 협회성원들의 활동

The activities of DAK members to raise the public awareness on the deaf and improve their vocation

롱아학교들의 직업교육을 개선하기 위한 활동
Collaborative activities to improve vocational training at Deaf Schools

조선손말의 표준화와 그 보급을 위한 조선손말심의위원회와 조선손말강습이 조선롱아맹경제문화교류사에서 정기적으로 진행되고있다.
Deliberating committee of Korean Sign Language(KSL) and training course of KSL are opened periodically in KECCDB to standardize KSL and disseminate it

더해 기술적업양성을 통하여 롱인들의 직업활동을 개선해나가고있다.
Improving the employment of the deaf through various vocational training

조선롱인협회는 세계롱인련맹을 비롯한 국제기구들과 롱인사업과 관련된 교류와 협력을 활발히 벌리고있다.
DAK is vigorously engaging in Deaf-concerned exchange and cooperation with WFD and several international organizations.

세계롱인련맹-조선장애자보호련맹사이의 4개년활동계획을 리행하기 위한 량해각서결(2013-2016)
Conclusion of MOU between WFD and KFPD to implement 4-year Activity Plan(2013-2016)

주체99(2010)년 7월 세계롱인련맹대표단지 조선롱아자보조련맹 중앙위원회 방문
A visit to the Central Committee of KFPD by the delegation of WFD in Jul, Juche 99(2010)

주체105(2016)년 5월 25일~30일 세계롱인련맹대표단의 두차례 방문, 세계롱인련맹위원회 2번째 4개년활동계획 토의
Double visits to DAK by WFD, discussion on 2nd 4-year Activity Plan in May 25~30, Juche 105(2016)

주체103(2014)년 11월 조선롱인협회대표단의 세계롱인련맹 총서기국 방문, 롱인사업경험과 의견교류
Visit to secretariat of WFD by the delegation of DAK in Nov, Juche 103(2014) and interchange experiences and opinions on deaf affairs

해외에 못 가도록 비자 발급을 거부하는 거라면 그냥 차라리 저를 평양에서 일하지 못하도록 막아야 하는 것 아닌가? 그런 이유라면 저는 독일로 곧바로 출국하겠다. 저 말고 청인을 불러 일을 시키는 것이 더 좋을 것 같다. 말도 안 되는 상황을 만들지 말아 달라.〉그랬더니 대사관 직원이 아차 하더라고요. 대사관 측의 긴 고민 끝에 3~4일 만에 비자가 발급됐어요. 그게 1948년 북한 건립 이후 북한 농인이 처음으로 해외에 간 역사적인 일이었어요. 북한 대표단이 핀란드로 출국하는 날 평양공항에 대표단 가족이며 친척까지 배웅 나온 거예요. 이들 가족이 제 손을 부여잡고 〈고맙습니다! 감사합니다〉라는 말을 감동 섞인 듯한 눈빛으로 계속 하시더라고요. 제가 왜 감사한지 여쭈어 보니 이렇게 말씀하셨어요. 〈우리는 청인이고, 자식은 농인이잖아요. 농인인 자식이 앞으로 어떻게 살아가나 걱정이 많았는데 농인도 외국에 갈 수 있다니 감동스러울 수밖에요.〉감사의 말씀을 연신 내뱉는 이들 가족의 모습에 가슴이 뭉클했죠. 북한에서 중국까지 가는 비행기에서는 북한 농인들과 따로 앉았고, 독일로 가는 비행기에서는 같이 하늘길에 올랐죠. 핀란드에 도착하자마자 북한 대표단과 같이 국제개발부 세르파 파테로 장관과 면담했어요. 이어 북한 대표단은 핀란드에 세계농아인협회가 있다는 사실을 직접 보고 수화 통역사 훈련 센터, 청각 장애인 협회, 농학교 등을 방문했어요. 북한 대표단이 많은 배움과 감명을 받았는지 숙소로 돌아오자마자 저한테 쉴 틈 없이 질문을 계속 던지더라고요. 그런데 저는 북한 농인들의 비자 발급을 돕고, 비행기 탑승 수속까지 확인하느라 체력이 바닥난 상황이어서 호텔에서만큼은 쉬고 싶었어요. 하지만 쉴 수가 없었죠. (웃음)

누리 우아, 북한 농인이 역사상 처음 해외로 떠나는 일이라서 기획 과정에서 로베르트의 기분이 엄청 행복하고 뿌듯했을 것 같아요. 핀란드 방문 이후 북한에서 어떤 사업을 하게 되었는지 이야기해 주실 수 있을까요?

로베르트 핀란드 여행 결과는 기대 이상이었죠. 덕분에 평양 모란봉 구역에 북한 최초로 농어린이 유치원을 개원했어요. 농선생님이 농어린이에게 모든 일반 교육을 수어로 적극적으로 가르치는 좋은 결과를 얻을 수 있었어요. 하지만 앞으로 각 도에 농어린이 유치원이 세워졌으면 하는 마음이 늘 있어요.

누리 농인의 언어로 교육하는 농어린이 유치원이라……. 로베르트의 꿈처럼 북한 각 도에 농어린이 유치원이 세워지는 날이 빨리 왔으면 좋겠네요. 이제, 북한 농인이 튀르키예 말고 다른 나라에서 한국 농인과 만난 적이 있는지 궁금해요. 혹시 있다면, 이와 관련한 에피소드를 들려주실 수 있을까요?

로베르트 2019년에 프랑스 파리에서 WFD 대회가 열렸어요. 그 당시 북한과 프랑스는 서로 비자 발급을 허용하지 않아 북한 농인이 프랑스 파리 WFD 대회에 참석하기 위해 비자를 발급받는 데 굉장히 힘들었어요. 힘들게 겨우 비자를 받아 내는 데 성공해, 비자를 받자마자 북한 농인 몇 명과 프랑스로 바로 출국했어요. 비자 발급이 늦어져 기존 일정에 변동과 차질이 생겼어요. 프랑스에 도착하고 여유롭게 움직이는 일정을 준비해 놓았는데 모든 일정이 계획에서 아주 벗어났죠. 그래서 프랑스에 도착하자마자 호텔로 가지 않고 곧바로 WFD 대회장으로 갔어요. 캐리어까지 들고요. (웃음) 그때 북한 농인 대표단이 저한테 갑자기 부탁하더라고요. 〈우리는 남조선과 함께 앉고 싶습니다.〉 WFD 대회 좌석 배치 구조가 알파벳 순서로 되어 있었어요. 한국은 ROK이고, 북한은 DPRK로 되어 있어 멀리 떨어져 있었어요. 북한 농인들의 제안을 받아들이고자 북한 농인과 남한 농인이 함께 앉을 방법을 생각하기 시작했죠. K, RO / K, DPR 그렇게 나누어 주최측에 제안하자 K 자리로 함께 배치해 줬어요. 북한 농인과 남한 농인이 함께 앉을 수 있었죠. 제가 WFD의 북한 연락관을 맡고 있었기 때문에 중간에 개입할 수 있었어요. 하지만 남한 농인과 북한 농인이 교류하는 동안만큼은 제가 최대한 끼어들고 싶지 않았어요. 남북 농인들의 교류에 방해가 되고 싶지 않았거든요.

누리 정말이지 소름이 돋을 정도로 감동적인 일화네요! 저희도 언젠가 북한 농인들과 나란히 앉아서 소소한 이야기를 나누고 싶네요. 북한 농인들과 함께하는 국제 교류가 있다고 들었는데, 그것과 관련된 이야기도 들려주실 수 있을까요?

로베르트 네, 북한에 삼촌 같은 형이 있어요. 제가 처음 북한에 가기 위해 독일에 있는 북한 대사관에 들렀다는 말 기억하실지 모르겠네요. 제가 조선 민주주의 인민 공화국 대사관에 처음 들러 북한을 여행하고 싶다고 했을 때, 그 대사

관 직원이 북한 여행사 측에 연락을 취해 줬어요. 북한 여행사 직원 입장에서는 외국 농인을 처음 접하다 보니 어떻게 해야 할지 난감해했죠. 그때 그 삼촌 같은 형이 무슨 걱정이냐며, 그냥 로베르트 사이에 두고 청인 두 명을 세우면 여행 가이드에 문제없을 거라고 하더군요. 그 덕분에 북한을 여행할 수 있었어요.

함께 북한을 여행하면서 여행사 직원들도 외국 농인이 비장애인과 별로 다르지 않다는 것을 깨달았죠. 그렇게 해서 삼촌 같은 형과 친해졌어요. 그 후 WFD의 부탁으로 외국 농인 몇 명을 데리고 북한에 가서 평양, 원산, 개성에 있는 농인들을 만나게 해줬어요. 도리어 북한 농인들이 외국 농인은 처음이라며 신기해하더라고요. 이를 보면서 북한

2장 독일 농인이 바라본 북한

농인들과 외국 농인들이 서로 교류하고 만나도록 해줘야 겠다는 생각이 들었죠. 그래서 삼촌 같은 형한테 북한 농인들을 위해 국제 농인 교류를 진행하고 싶다고 요청했어요. 안 된다고 답변할 줄 알았는데 흔쾌히 수락하더라고요. 아마 저에 대한 신뢰가 굳건해서 가능하지 않았나 싶어요. (웃음) 어쨌든 2009년에 시작해 2018년까지 매년 국제 교류를 해왔죠. 2009년에 처음으로 평양에서 열렸어요. 그때 정부로부터 북한 농인과 외국 농인의 국제 교류 가능 시간을 30분으로 허락받은 상황이었어요. 너무 짧았죠. 그런 상황이어서 매년 한 번씩 진행하던 국제 교류에 늘 아쉬움이 있었어요. 그러다가 2018년에 드디어 3일로 허락받았어요. 외국 농인들과 북한 농인들이 처음으로 3일 동안 국제 교류를 가졌는데, 너무 좋았어요. 특히 스포츠 게임을 같이하며 매우 즐거웠는데 이제 추억이 되어 버렸네요. 대동강 유람선에서 식사도 했고요. 함께 농아인협회, 농아학교, 농어린이 유치원 방문도 했죠.

누리 　우아, 로베르트에게는 2009년과 2018년이 제일 기억에 남을 것 같아요. 각각 국제 교류를 시작한 해와 처음으로 길게 한 해이니까요.

정상 회담을 진행하는 역사적인 일이 일어났죠. 대한민국 문재인 전 대통령과 조선 민주주의 인민 공화국 김정은 국무 위원장이 평화와 번영, 통일을 염원하는 온 겨레의 한결같은 지향을 담아 한반도에서 역사적인 전환을 이루어 낸 뜻 깊은 만남이었죠. 양 정상은 냉전의 산물인 오랜 분단과 대결을 하루빨리 종식하고 민족적 화해와 평화 번영의 새로운 시대를 과감하게 열어 나가자며 판문점 선언을 했죠. 이 선언 내용과 같이 오랜 분단과 대결이 하루빨리 종식되었으면 좋겠습니다.

누리 네! 저도 북한 농인과 남한 농인이 손을 마주 잡고 판문점을 걸어가는 기념비적인 날이 오기를 바랍니다.

2장 독일 농인이 바라본 북한

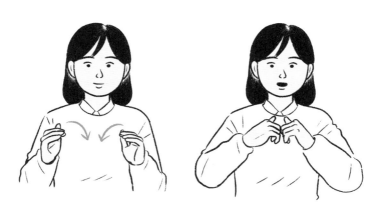

조선손말 〈판문점〉

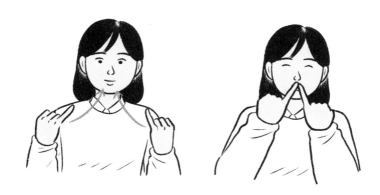

조선손말 〈조국통일3대헌장기념탑〉

3
북한에서의 삶이 제 감사의 제목이에요

누리 북한에서 잊을 수 없는 에피소드가 있나요?

로베르트 여름에 있었던 일인데, 에어컨조차 없었어요. 독일 시차에 맞춰 일하다 보니 보통 평양이 밤일 때 일이 끝난단 말이에요. 어느 날 밤 10시에 업무가 끝나 집으로 향했어요. 집에 도착하자마자 땀범벅이 된 거예요. 시원한 물로 샤워하고 잠들면 너무 좋은데 물이 안 나와요. 평양에서는 물과 전력 공급이 일정하지 않아요. 다행히 물통에 조금 채워 놓은 물로 겨우 세수만 하고 잠들었어요. 북한에는 대부분 대안적 수세식으로 되어 있거든요. 수세식이 때로 작동하지 않기 때문에 마련한 거죠. 비상 상황을 위해 물통을 채워 놓아야만 해요. 그래야 변기 물통을 채우거나 직접 변기에 물을 퍼부을 수 있기 때문이죠. 그런데 아무 생각 없이 볼일을 보고 나니 아차 싶더군요. 물통에 물이 없다는 걸 그제야 깨달은 거죠. 화장실 문을 황급히 닫고 다음 날 아침이 되어서야 물통을 채워 변기에 물을 붓고 해결했어요. 그런데 저는 이 삶이 감사했어요. 배울 게 많았으니까요. 독일에서 살 때는 수도꼭지만 틀면 언제든 물이 콸콸 흘러나오는 일상에 익숙해 있어, 북한에 와서 처음에는 적응이 안 됐는데 한두 번 겪고 나니 금방 적응되더라고요. 특히 샤워할 때 하수구를 마개로 막고 모아 둔 물로 화장실 청소하는 습관까지 길들이게 됐어요. 4년간의 평양 생활을 마치고 독일로 귀국해 샤워하는데 갑자기 감사함이 넘치는 거예요. 물에 대한 소중함을 느낄 수 있었죠. 샤워한 물을 재활용해 화장실을 청소하는 좋은 습관은 그대로 유지했어요.

누리 물에 대한 소중함이며 물 아끼는 방법을 북한에서 깨달은 거네요.

로베르트 맞아요, 감사하죠. 그리고 북한은 전기 공급률이 낮기 때문에 전기가 자주 끊겨요. 정전되면 보통 20분에서 한 시간씩 이어져요. 대사관에는 보통 정전 대비 배터리를 준비해 놓는데 그것조차 없을 때면 보통 양초로 방을 비추거나 태양광 LED 조명으로 해결했어요. 태양광 LED 조명에 대한 에피소드가 있어요. 태양광 LED 조명은 중국에서 사다가 사용했는데, 조명 위치가 늘 같아야만 했어요. 그 이유는 태양광 패널이 빛을 가장 잘 받을 수 있는 곳의 위치를 선정해 태양광을 충분히 축적하기 위해서였죠. 아무튼 독일의 아침 식사는 주로 빵으로 해결하는데, 북한에서는 파는 빵보다 홈베이킹을 해서 먹었어요. 그런데 홈베이킹 도중에 정전되는 일이 흔한 일상이었어요. 그럴 때마다 홈베이킹을 멈추었다가 불이 들어오면 다시 작업을 이어 나가고 다시 정전되는 일이 반복되었어요. 그러던 어느 날 케이크가 갑자기 만들고 싶어진 거예요. 케이크를 만들려면 휘핑기가 있어야 하는데 휘핑기가 없었던 거죠. 다른 외국인에게 빌려다가 케이크를 만들기 시작했는데 휘핑 도중에 갑자기 정전된 거예요. 여름이라면 그나마 낮이 길어 갑자기 정전되어도 조금 보이지만 그때는 겨울이어서 어두컴컴한 집안에서 태양광 LED 조명에 불이 들어올 때까지 기다렸어요. 마침내 불이 켜졌을 때 비명을 질렀어요. 휘핑기 전원을 끄고 제자리에 놓아야 하는데 그 사실을 잊고 전원을 켠 채로 두었던 거죠. 휘핑기 안에 있던 생크림이 온 사방으로 튀어, 말 그대로 처참했어요. 다시 정전되기 전에 벽으로 튄 크림을 최대한 빨리 지워야겠다는 생각에 초스피드로 닦았어요. 독일에서는 절대로 겪을 수 없는 경험이죠. 다른 사람들 눈에는 정전과 물 부족으로 삶이 힘들어 보일지 모르지만 나는 너무 행복하고 감사했어요. 그 삶에서 배울 게 많았으니까요.

누리　북한에서의 생활이 매우 그리울 것 같아요. 또 다른 에피소드가 있을까요?

로베르트　네, 해외여행을 하려면 은행을 방문해야겠죠? 북한으로 일하러 가기 위해 북한으로 직접 송금하면 좋은데, 북한은 절대 불가능해요. 그래서 북한에 갈 때는 현금을 가지고 가야 해요. 북한에 가서 북한 돈으로 환전할 수가 없어요. 북한에서는 달러, 유로, 중국 위안화, 일본 엔화를 사용할 수 있어요. 평양에서 지낼 때는 거의 유로를 사용했어요. 북한 사람들은 달러를 제일 좋아해요. 북한에선 찢어지거나 구겨진 지폐를 안 받기 때문에 북한에 가기 전 은행에 가서 신권으로 달라고 하면 은행 측에선 아주 곤란해하죠. 가져가야 할 금액이 어마어마하니까요. 재미있는 일이 가끔 있어요. 북한 직원에게 신권을 주었는데 찢어지거나 구겨진 지폐로 잔액을 거슬러 받을 때가 있어요. 저는 해당 잔액을 그대로 받아도 문제없지만 그 지폐를 받아 주는 곳을 찾기가 힘들어요. 그래서 저도 모르게 필사적으로 잔액을 신권으로 달라고 하게 되더라고요. (웃음)

누리 재미있네요. 북한에서 일할 때 가장 힘들었던 점은 무엇인가요?

로베르트 북한에 가져갈 수 있는 금액이 한정되어 있어요. 제가 북한에 가서 사업을 하려면 사업비를 전부 가져가야 하는 상황임에도 불구하고 〈유엔 대북 제재UN Sanctions Against The DPRK〉[9] 원칙 때문에 사업비 정산에 많은 제한을 받을 수밖에 없어요. 제한 사항이 많다 보니 체력이 금방 소모될 뿐만 아니라 정신적, 육체적으로도 힘들고 아팠어요. 참, 제가

---

9 국제 평화 유지를 목적으로 하는 UN의 안전보장이사회(이하 안보리)는 UN 헌장 제7장(평화에 대한 위험, 평화의 파괴 및 침략 행위에 관한 조치)에 의거, 국제 평화와 안전을 위협하는 상황이 발생할 경우 강제 조치 부과 등을 시행할 수 있다. UN 안보리는 북한 WMD 개발 등을 규탄하고 그들의 지속적 이행을 방지하기 위한 목적으로 결의resolution를 통해 회원국에 대북 제재 이행을 요구한다. 이러한 결의에 의해, UN 회원국은 제재 대상국인 북한과의 수출·입, 금융 거래, 화물 검사, 해운, 인적 교류, (외교 등) 네트워크 등의 방면에서 제한을 받는다.

제일 좋아하는 〈Nothing About Us Without Us〉라는 슬로건을 마음에 새기고 늘 기억하려 노력했어요. 그 덕분에 북한에서 하고자 하는 사업이 잘된 것 같다는 생각이 문득 들더라고요. 북한에 가서 농아인협회, 시각장애인협회, 수어통역협회가 없는 것에 충격을 받았지만, 이 슬로건을 가지고 활동했기 때문에 세 개의 조직이 빨리 세워졌다고 생각해요. 평양에서 이 세 조직을 세운 다음 함흥에 가서 또 다른 사업을 하고 싶었어요. 사실 원래는 함흥 지역에 먼저 가서 사업을 할 뻔했거든요. 북한의 수도인 평양에 장애인들에게 필요한 협회가 없는데 함흥에 가서 사업을 하는 것은 순서에 맞지 않는다고 생각해 평양에서 일을 시작한 거죠. 평양에서 중요한 협회 세 개가 세워졌으니 더 나아가 함흥과 청진에서도 사업을 펼쳐 보고 싶다는 생각을 늘 가지고 있었어요. 그런데 지금 유엔 대북 제재 원칙 때문에 많은 어려움을 겪고 있어요.

누리 유엔 대북 제재 원칙이 로베르트 씨의 사업을 막고 있는 거네요. 하지만 로베르트 씨가 좋아하는 슬로건 덕분에 평양에서 장애인들에게 중요한 협회 세 개가 세워진 것만으로도 너무 멋있다는 생각이 들어요.

로베르트 좋게 봐주시니 감사합니다. 사실 세계 곳곳의 많은NGO 단체가 북한과 같은 나라에 사는 장애인을 도우려고 UN, EU를 통해 사업비를 지원받고 있거든요. 저는 개인적으로 이런 단체를 별로 좋아하지 않습니다. 대부분 장애인 당사자의 참여가 배제되어 있기 때문이죠. 참으로 아이러니한 것이 저희 단체인〈투게더 함흥〉은 농인 당사자가 활동하고 있음에도 사업비가 너무 소규모예요. 주류 사회의 힘의 실상을 보여 주는 거죠. 개인적으로 기억에 남고 첫인상이 좋았던 단체 중 하나가〈굿네이버스〉예요. 굿네이버스 이일하 대표님께〈대북 제재〉에 대해 말씀드렸더니, 공감해 주시더라고요. 그러면서 굿네이버스에도 농인과 같은 장애인 당사자의 참여가 아주 필요하다는 점에 동의해 주셨어요. 정말 좋은 분이에요. 이처럼 좋은 분이 많았으면 좋겠어요.

누리 세계 많은 단체 중 특히 장애인을 돕는 단체일수록 장애인 당사자의 참여가 필수라고 생각하는데, 아직 많이 부족한 것 같습니다. 로베르트 씨의 말씀처럼 장애인의 직접 참여가 활발해지는 날이 왔으면 좋겠네요. 로베르트가 하고 싶은 일이나 소원은 무엇인가요?

로베르트　하고 싶은 일이야 엄청 많죠. (웃음) 우선, 하고 싶은 프로젝트가 세 가지 정도 되는데, 첫 번째는 뉴스 수어 통역 화면 삽입이에요. 두 번째는 시청각 장애인을 위한 촉수화 통역 센터 설립이고요. 마지막으로는 세계 시각 장애인 관련 대회나 세미나에 참여하도록 하는 거예요. 북한이 세계농아인연맹WFD에 정회원국으로 가입돼 있긴 한데, 그런 일들이 제대로 이루어지지 않고 있거든요. 이외에도 정말 하고 싶은 일이 많아요.

누리　로베르트 씨가 하고 싶은 일들이 언젠가는 이루어질 겁니다. 혹시 한국 농인들에게 하고 싶은 말씀이 있다면요?

로베르트　네, 한국수어 중에 없는 단어는 조선손말에서 가져다 쓰고, 조선손말 중에 없는 단어는 한국수어에서 가져다 쓸 수 있게 교류가 활성화되었으면 좋겠어요. 예를 들어, 한국에는 〈대사관〉이라는 수어가 없는 것으로 알고 있어요. 그런데 북한에는 〈대사관〉이라는 수어가 있거든요. 이처럼 서로 없는 단어를 가져다 쓰는 사업이 이루어졌으면 좋겠어요. 사실, 아주 예전 통일부에 남북 간 교류가 활성화되도록 노력해 달라고 요청했는데, 돌아온 답변은 〈로베르트는 독일인이라서 어렵다〉는 거였어요. 그러니까 제가 남한 농인들한테 부탁하고 싶은 것은 〈주체적으로 나아가 남북 간 교류에 힘써 줬으면 좋겠다〉는 겁니다.

누리 남북 수어 간 교류가 활성화되어야 한다는 점은 저희도 동의합니다. 저희가 더 열심히 분발하겠습니다. 이제 마지막 질문과 함께 마무리하고 싶은데요. 앞으로 북한에 가게 될 사람들에게 하고 싶은 말이 있을까요?

로베르트 북한에 대한 인식 차이와 관련된 에피소드가 생각났어요. 어느 날 아프리카로 향하는 비행기를 타고 있었는데, 비행기 옆 좌석에 앉아 있던 사람이 저한테 물어보는 거예요. 〈어디 가세요?〉, 〈아프리카로 떠납니다.〉 또 다른 날, 북한을 향하는 비행기를 타고 있었는데, 옆 좌석에 앉아 있던 사람이 저에게 물어보더라고요. 〈어디를 가세요?〉, 〈북한에 갑니다.〉 그랬더니 그 사람이 토끼눈이 되어 놀라더라고요. 많은 사람이 북한을 핵 보유국이기 때문에 굉장히 두려운 국가로 인식하고 있지만 저는 북한에서 4년 동안 지내면서 아무 일 없었고, 다른 사람과 다름없이 평범한 일상을 보냈어요. 그래서 저는 북한에 가는 사람들에게 진심

조선손말 〈대사관〉

으로 축하한다고 말해 주고 싶어요. 정말 건네주고 싶은 말은 바로 〈북한에 대한 평소 생각이나 정보를 내려놓고 가는 것이 좋다〉는 거예요. 기존의 정보와 생각을 그대로 갖고 가면 북한을 있는 그대로 보기 힘드니까요. 북한에 가서 직접 겪으며 느낀 다음 본국으로 돌아와서 원래 정보와 생각을 다시 정리하기를 추천해요. 그래야 북한에 대한 관점이 더 풍부해지고 북한을 더 깊이 들여다볼 힘이 생길 테니까요.

누리　중요한 이야기, 너무 고맙습니다.

요구 놓인이 바라본 북한

1
엄마, 북한 여행 어떻게 생각해?

어느 날 늦은 저녁, 서울에서 인삼(영국 농인의 이름을 한국식 가명으로 작성하였다)과의 인터뷰 준비가 한창이었다. 한국과 시차가 8시간인 영국의 아침, 인삼은 카페처럼 아늑한 집에서 햇살을 맞으며 인터뷰를 기다리고 있었다. 두근거림 속에 만난 인삼은 누구보다 밝은 미소로 우리를 맞이해 줬다. 인삼은 2009년에 북한에 다녀왔음에도 여행 스토리를 최대한 많이 들려주겠노라 힘차게 손짓했다.

인삼은 2009년 9월, 북한을 2주 동안 다녀왔다. 그 당시에는 3박 4일, 5박 6일 같은 단기 여행 상품이 대부분이었고, 2주 이상 여행 상품은 없었다. 인삼은 북한만의 색다른 매력과 문화를 더 깊이 들여다보기 위해 2주 정도 여행하고 싶었다. 여행사에 문의하니 2주짜리 여행 상품은 비용이 잔인하리만큼 비싸다는 답변뿐이었다. 인삼은 비용에 신경 쓰지 않고 어머니와 함께 북한을 2주 동안 다녀왔다.

인삼은 3대 농가족으로 농정체성과 농문화에 자부심을 가지고 있었다. 농인이신 어머니와 함께한 인삼의 북한 스토리를 통해 색다른 경험을 하기 바란다.

누리　안녕하세요! 인삼 님, 여긴 늦은 저녁인데 영국은 아침인가요? 좋은 아침이라고 인사를 건넬게요! 좋은 아침이에요!

인삼　안녕하세요! 만나게 되어 무척 반갑네요. 여긴 아침 맞아요! 좋은 저녁 시간일 텐데, 인터뷰를 준비해 주서서 너무 큰 영광이에요. 그럼 인터뷰를 시작하시죠.

누리　저희도 인삼 님과 인터뷰하게 되어 너무 기쁩니다. 인삼 님은 북한을 언제 다녀오셨나요?

인삼　2009년에 다녀왔으니 꽤 오래전이에요.

누리　2009년이라면 정말 오래됐네요! 기억을 되살려서 들려주셔야 할 텐데, 괜찮나요?

인삼　(웃음) 북한 여행 스토리에 대해서라면 충분히 많은 내용을 들려드릴 수 있어요.

누리　좋습니다! 인삼 님은 북한을 어떻게 알게 되었나요?

인삼　최근 5년 들어 영국을 비롯한 유럽에서 한국 문화가 활발하게 알려지고 있어요. 한식, 한국 영화, 한국 예술 등 한국 문화가 아주 빠른 속도로 유행하더라고요. 특히 BTS 와 같은 K팝 분위기가 유행하고 있죠. 그러나 제가 어린 시절을 보낸 2000년대에는 몇몇 사람만 한국을 아는 분위기였어요. 그만큼 북한과 한국에 대한 정보가 없었죠. 저는 한국을 중국이나 일본과 가까운 나라라고만 알고 있었어요. 제가 여덟 살인가, 아홉 살 때 정치에 관심이 많았어요. 특히 공산당에 대해 흥미가 많았어요. 공산당의 의미와 역사가 너무 궁금했어요. 공산주의의 배경에 대한 궁금증이 많았죠. 그럴 때마다 엄마에게 이야기해 달라고 했죠. 엄마는 러시아, 중국 등 공산주의에 관해 많은 내용을 알고 있었기 때문에 엄마가 들려주는 이야기가 흥미로웠어요. 특히 예전 베트남에서 전쟁이 있었고 분단 경험도 있다는 내용 말이에요. 한국도 마찬가지로 6·25 전쟁으로 같은 민족끼리 분단

되었다는 사실에 충격을 감출 수가 없었어요. 엄마는 〈한국이라는 나라는 다른 나라와 교류를 활발하게 펼칠 뿐만 아니라 국민들이 자유를 누리며 여러 방면에서 잘살고 있다. 그러나 북한은 그렇지 못하다. 왜냐하면 북한에서는 사람을 통제하고 감시가 심하기 때문이다〉라고 말씀하셨어요. 정말 그런 나라가 있을까? 놀라움을 감출 수 없었어요. 어쨌든 그때부터 북한에 관심이 생긴 것 같아요.

누리   어머님이 들려주신 〈국제 정치와 전쟁〉 이야기를 계기로 북한에 관심을 갖게 된 거네요.

인삼   맞아요. 제가 열네 살 때였어요. 보통 이 나이 땐 외모를 꾸미기에 한창이잖아요? (웃음) 머리를 자르려고 미용실에 갔는데, 안에 들어가자마자 직원이 웰컴 음료를 건네주셨어요. 그때 눈앞에 책이 여러 권 진열되어 있었어요. 제 머릿결이 곱슬이어서 헤어 미용에 남들보다 시간이 오래 걸려요. 헤어 미용 시간이 길어지자 심심해지기 시작했죠. (웃음) 그때 책장에 진열되어 있던 책 중에서 눈길이 가는 것이 있었어요. 저자가 북한에 가서 비밀리에 취재한 영상과 함께 북한의 빈부 격차 실상을 담은 내용이었어요. 이 책을 읽고 북한에 대한 관심이 더 피어오르기 시작했어요.

누리 어쩌다 본 책이 〈북한〉과 관련된 것이었다니, 타이밍이 신기하네요.

인삼 맞아요, 저도 신기하게 생각해요. 열일곱 살 때 이야기도 들려주고 싶네요. 요일별로 소개되는 일주일짜리 신문이 있었어요. 일요일 부문에는 예술, 인문학 등 분야별로 정보가 다양했죠. 그 당시 새로운 책이 나왔다고 해서 신문을 펼쳐 봤는데 〈북한〉에 관한 것이었어요. 그때 소개된 내용이 북한 관련 서적이었어요. 저자는 프랑스에서 만화가로 활동하는 캐나다인이었어요. 그는 만화영화도 제작해 왔는데 중국에서 일한 경험이 있었대요. 그런데 노동력에 비해 월급이 많지 않은 편이었다고 해요. 당시 많은 회사가 북한으로 일하러 갔거든요. 북한에서 만화영화 작업을 한 이유는 아무래도 북한의 노동력이 싸고, 질도 중국에 비해 좋았기 때문이래요. 그때 마침 그가 다니던 회사에서 북한으로 출장을 보냈는데, 평양에서 여섯 달 동안 체류하면서 만화로 평양의 모습을 그렸더라고요. 프랑스어로 출판된 것을 다시 영어로 번역해서 나온 만화책이었는데, 신문에 이 책을 소개하는 내용이 담겨 있었어요. 너무 흥미로워서 곧바로 책을 샀어요. 그러고는 너무 재미있어서 몇 번이나 읽었어요. 이 책이 북한에 대한 관심의 기폭제가 됐죠. 우연히 읽은 책 한 권으로 인해 북한에 꼭 가봐야겠다는 마음이 생겼어요. 저는 여행을 좋아해서 세계 곳곳을 많이 돌아다녔어요. 많은 나라를 여행했지만, 대부분 풍경이 비슷했어요. 미국, 일본 등도 다녀 봤지만 새로운 느낌을 주는 나라가 없었어요. 그런데 북한 관련 사진에서는 뭔가 확연히 다른 느낌이었어요. 북한에 너무 가보고 싶었죠. 그런데 북한은 많은 나라와 국교가 단절된 상황이어서 방문이 가능할까 궁금했어요.

누리　책에 실린 사진을 보고 북한에 직접 가고 싶어졌다니 흥미롭네요! 계속해서 들려주세요!

인삼　네, 정보를 찾아보니 북한 여행사를 통하면 가능하다는 것을 알게 되었어요. 북한에 꼭 가봐야겠다고 생각했죠. 아, 저희 엄마는 저와 함께 여행하는 걸 좋아하세요. 그러던 어느 날 저녁 8시 무렵 엄마가 소파에 앉아 TV를 보고 계실 때 제가 긴장된 손짓으로 수어를 했어요. 〈엄마! 나 좋은 생

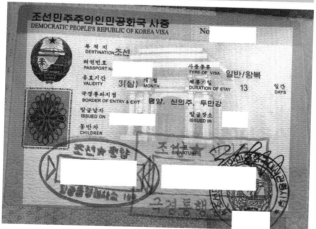

(위) 북한에 관한 만화책.
(아래) 북한으로부터 받은 비자.

각이 있어, 가고 싶은 나라가 생겼어!〉, 〈어딘데?〉, 〈북한이야.〉 엄마가 두 눈을 동그랗게 뜨더니 〈너도 관심 있어?〉라고 웃으면서 말씀하시더라고요. 훈훈한 가운데 북한에 가고 싶은 마음을 서로 확인하고 나서 곧바로 비행기표를 질렀죠. (웃음)

누리　와, 역시 대단한 모자네요. 속일 수 없는 피, 유전의 힘이란 대단하군요! 어머님과 함께한 북한 여행이라니, 너무 좋았겠어요.

인삼　(웃음) 엄마와 함께 가게 되어 마음이 든든했죠. 북한은 다른 나라에 비해 특수한 상황이다 보니 그 과정에서 겪은 불편함과 어려움을 누구한테 털어놓겠어요? 엄마와 이야기를 많이 나누니 공감도 되고 너무 든든했어요. 사실 엄마는 소련에 가본 적이 있거든요. 엄마의 그런 경험이 나한테 많은 힘이 됐어요.

누리　오, 그렇군요! 어머님과 함께 떠난 북한 여행 스토리가 몹시 궁금한데요. 영국에서는 북한을 수어로 어떻게 표현하나요?

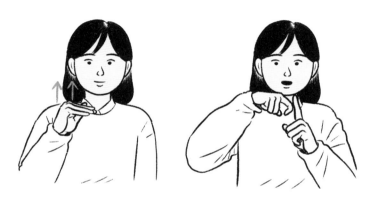

영국수어〈북한〉

인삼   네, 영국에서는 앞 페이지의 그림처럼 〈북한〉을 이렇게 수어합니다.

누리   영국의 〈북한〉 수어를 하나 더 알게 되었네요. 감사합니다. 그러면 이제 어머님과의 북한 여행 스토리를 들려주실 준비 되었나요?

인삼   그럼요!

2
덴마크 과자는 절대로 잊을 수 없지

누리   어머님과 함께 어느 지역을 여행하셨나요?

인삼   북한에 가면 반드시 가봐야 하는 곳이 평양이잖아요. 평양은 북한의 수도이기도 하고 관광 중심지이니까요. 당연히 평양에 갔죠. 평양 외에도 몇 군데 더 방문했어요. 가장 먼저 남포에 갔어요. 남포는 평양과 해외를 연결하는 관문이자 국제 무역항으로 일찍 교통이 발달한 항구 도시예요. 이어 원산과 개성을 다녀왔고, 그 근처 가까이 있는 DMZ도 방문했어요. DMZ에 대한 생각은 비슷할 거예요. 2018년 4월 한국의 문재인 대통령과 북한의 김정은 국무위원장이 만나 악수를 나누고 판문점 경계선을 밟는 역사적인 사건이 있었죠. 문재인 대통령뿐만 아니라 미국의 트럼프 대통령도 2019년 6월 김정은 국무위원장과 판문점에서 악수를 나누었고요. 역사적 의미를 지닌 판문점에 가서 저도 걸어 봤어요. 판문점에 들어갔다 나오는 동안 분위기가 너무 살벌하고 엄숙해서 긴장의 끈을 놓을 수 없었어요. 한국 군인과 북한 군인이 마주 보고 있어 숨죽인 채 조용히 걸어야 했어요.

누리　한국 군인과 북한 군인이 마주 보는 모습을 직접 확인하셨을 때 기분이 이상했을 것 같아요.

인삼　맞아요. DMZ 판문점에 서 있던 북한 군인들은 초록색 군복에다 큰 모자를 쓰고 있었어요. 체격이 작고 말랐더라고요. 반대로 한국 군인들은 키가 크고 건장해 보였어요. 그 모습을 보면서 〈북한 사람들은 유행에 뒤처져 있을 뿐만 아니라 생활의 차이가 엄청나다〉는 것을 느꼈어요. 사실, 북한에 가기 전까지만 해도 북한 군인들이 험악하고 무서울 줄 알았어요. 그래서 한국 군인들은 북한 군인들의 위용에 눌려 긴장한 채로 지낼 것 같았는데, 직접 보니 많이 달랐어요. 오히려 북한 군인들이 한국 군인들에게 불안을 느끼는 것 같더라고요.

누리　그렇군요. 북한 군인들의 체격이 갈수록 작아지고 있다고 들었는데, 이는 열악한 생활 환경 탓인 것 같아요. 그러면 인삼은 평양, 개성, 원산, DMZ 지역만 다녀왔나요?

인삼　아, 다른 지역도 한 곳 다녀왔는데 이름이 기억나지 않네요. 아주 오래된 한옥들이 있었어요. 그곳을 방문하니 북한 현지인들이 나를 빤히 쳐다보더라고요. 외국인이 처음이었던 것 같아요.

누리　한옥들이 있는 곳이라면 개성 지역 같은데요. 개성에 한옥마을이 있는 것으로 알고 있어요. 평양, 남포, 원산, 개성을 다녀오셨다니 꽤 많은 곳을 구경하셨네요.

인삼　사실은 북한 여정 중에 가고 싶은 곳으로 청진을 포함하여 여행 기간을 일부러 2주로 잡은 거였어요. 왜냐하면 청진에 청진 공항이 있기 때문이죠. 그 공항은 일제 강점기에 일본인이 지었다고 하더라고요. 청진은 고요한 어촌이면서 중공업 도시예요. 유럽인들에게 잘 알려지지 않았을 뿐만 아니라 청진에 다녀온 사람이 많지 않아요. 저는 사람이 드문 관광지에 가보고 싶었어요. 하지만 북한 가이드가 청진 방문은 절대로 불가능하다고 하더라고요. 그래서 아쉽지

　　　　　　　　　3장 영국 농인이 바라본 북한

만, 청진 방문을 포기할 수밖에 없었죠.

누리 아, 그랬군요. 북한에 다시 가야 할 이유가 생긴 거네요! 북한 여행은 어떤 식으로 이루어졌고, 어떤 일이 기억에 남나요?

인삼 여자 가이드 한 명과 남자 가이드 한 명이 여정을 함께했죠. 그러나 자유롭게 돌아다닐 수가 없었어요. 절대로!! 네버!! 심지어 화장실 갈 때도 가이드와 동행해야 했어요. 가이드와 관련해서 기억에 남는 일이 있어요. 어느 날 매우 작은 지역을 방문했는데, 가이드 두 분 다 그 지역을 처음 방문한 터여서 신기해하며 사진을 열심히 찍는 모습에 충격을 받았어요. 두 가이드는 가이드 경력이 꽤 되어 아무렇지 않을 줄 알았거든요.

누리 그런 일이 있었군요. 가이드도 당국의 허락 없이는 다른 지역으로 이동할 수 없었던 것 같네요. 아, 맞아요! 제일 기본적인 걸 잊어버렸는데, 북한에 가기 위해 어떤 준비를 했나요?

인삼 네, 북한을 방문하려면 입국 비자가 필요했어요. 비
자 발급을 위해 런던에 있는 북한 대사관을 찾아갔어요. 그
대사관의 첫인상이 가정집과 같아서 놀랐어요. 런던 도심
에 있는 다른 나라 대사관은 대부분 외경이 예쁜데 북한 대
사관은 런던 시내에서 한 시간 반 거리에 있어 아침 일찍 서
둘렀죠. 도착하자마자 문 앞에서 벨을 누르는데 이상하게
긴장되더라고요. 문을 열어 준 대사관 직원의 복장에 김일
성과 김정일의 초상 휘장이 달려 있었어요. 그런데 맨발로
걸어 나오신 거예요. 그래서 첫 만남이 꽤 강렬했죠. 만나자
마자 그분께 핸드폰에다가 〈북한 입국 비자를 받으러 왔어
요〉라고 적어서 보여 드렸더니 당황스러워하시더라고요.
그제야 제가 농인이라는 사실을 알려 드리자 환영해 주시더
라고요. 대사관 안으로 들어가서 기다리라는 직원의 말씀
에 곧바로 소파에 앉았어요. 그분이 어딘가로 간 뒤 소파에
앉아서 기다리는데 벽에 걸려 있는 초상화와 다양한 액자들
이 보였어요. 특히 투쟁 및 선전 포스터 관련 일러스트가 많
았어요. 일어서서 그림을 자세히 들여다보고 싶은 마음이
굴뚝같았지만, 주변에 CCTV가 설치되었을뿐더러 분위기
가 너무 엄숙해 한 시간 가까이 소파에 앉은 채로 기다렸어
요. 그 직원이 돌아와서 비자 발급 서류를 주면서 돌아가면

된다고 하더라고요. 대사관을 나오고서야 안도의 한숨을 크게 내쉬었죠. 어쨌든 북한 비자 발급은 생각보다 수월했어요.

누리   오, 그렇군요. 런던에 있는 북한 대사관 외경이 무척 궁금한데요. 지금 인터넷을 찾아보니 가정집 분위기가 풍기는군요. 오히려 정겨운 느낌이 들어 좋은 것 같아요. 그 당시 북한 입국 비자 발급 비용은 어느 정도였나요?

인삼   오래전 일이라 잘 기억나지 않네요. (웃음) 아마도 대략 150파운드였던 것 같아요. 한국 돈으로 바꾸면 23만 정도 될 거예요.

누리   생각보다 비싸네요. 하지만 비자를 비교적 수월하게 발급받으셨다니 다행이군요. 그러면 북한으로 가는 여정은 어떠셨나요?

인삼   네, 영국에서 북한까지 가는 직항기가 없어요. 고려 항공기는 낙후되어 유럽까지 날아갈 수 없다고 해요. 우리는 중국을 경유해서 북한으로 가는 루트를 선택했어요. 먼저 영국에서 베이징까지 비행기를 타고 가서 일주일 동안 중국을 여행했어요. 사실 예전에 한 달 가까이 중국 여행을 한 경험이 있어요. 솔직히 중국은 어마어마하게 넓은 대륙 국가여서 못 가본 곳이 많은데, 일주일 동안 여행하면서 너무 좋았어요. 일주일간 여행을 마친 뒤 공항으로 가서 탑승 수속 절차를 밟고 출국장으로 들어갔어요. 제일 앞 게이트 쪽에 도쿄, 런던과 같은 대도시로 향하는 비행기가 많이 보였어요. 그 주변에는 사람들로 북적거리고 쇼핑 센터도 바빠 보였어요. 그런데 평양행 비행기 탑승 게이트를 향해 걸어가는데 점점 어두워지기 시작했어요. 몹시 한산하고 쇼핑 센터도 듬성듬성 있었어요. 순간 공포를 느낄 뻔했어요. 마침내 우리가 탑승해야 할 게이트에 도착해 창밖으로 고려항공 비행기가 보이자 몸이 덜커덩 가라앉는 느낌이었어요. 고려항공 비행기는 너무 낡아 보였어요. 걱정과 함께 비행기에 탑승했는데 좌석 명이 러시아어로 표기되어 있는 것을 보고 러시아에서 가져온 것임을 확신하게 됐죠. 제 자리는 기장이 앉아 있는 쪽과 가까워 내부가 잘 보였어요. 기장이 앉아서 조종하는 화면 어딘가에 유리가 깨진 듯한 모습을 보자 충격의 도가니에 휩싸여 두려워지기 시작했어요. 그냥 속으로 〈아무 일 없을 거야. 무사히 잘 도착할 거야〉라

3장 영국 농인이 바라본 북한

고 주문을 걸었죠. 물론 비행기는 평양에 무사히 착륙했죠.
(웃음)

누리　아무 문제 없이 북한에 도착했다니 다행이네요. 북한
입국 절차는 어떠했나요?

인삼　네, 예전에 세계에서 입국 절차가 까다롭기로 유명한
국가 중 하나인 사우디아라비아에 다녀온 경험이 있어요.
사우디아라비아와 북한의 입국 절차를 비교할 때, 사우디아
라비아는 입국 절차 관련 서류가 엄청 많은데 북한은 간단하
더라고요. 사우디아라비아 입국 때는 서류를 여섯 번이나
확인할 정도로 까다로웠는데, 북한에서는 비교적 쉽게 입국
도장을 찍어 주었어요. 개인적인 생각인데, 북한은 돈을 많
이 버는 것이 중요하니까 입국 절차를 비교적 쉽게 한 것 같
아요. 사우디아라비아는 산유 국가라서 부자잖아요. 아마
도 그런 이유 아닐까요.

누리　사우디아라비아와 북한의 입국 절차를 비교해 주시
니 흥미롭네요. 평양 공항을 빠져나왔을 때 첫인상이라든
가 처음 만난 장면은 어땠나요?

인삼   아, 공항에서 내려 밖으로 나와서야 탑승객 대부분이
신분상 중요한 사람들이라는 것을 알 수 있었어요. 정부 관
계자, 고위 관리직과 같이 높은 직분에 있는 사람들로 보였
어요. 그 사람들의 카트에는 TV 몇 대 혹은 비싼 시계나 냉
장고가 있었거든요. 평양 공항에서 평범한 주민이나 일반
인은 찾아볼 수 없었어요. 빈부 격차가 심한 것 같다는 인상
을 받았죠.

누리   북한에서 비행기를 타고 다니는 사람은 대부분 고위
관료나 해외 파견 노동자 등인 것 같아요. 정확히 기억나지
는 않지만, 평양 공항의 경우 비행기가 운항하지 않는 동안
에는 출입을 통제하거나 막는다는 내용의 문서를 본 적이 있
어요. 고려항공 기내식은 어떠했나요?

인삼   오래전이라서 잘 기억나지 않네요.

누리   기내식 이야기가 나온 김에 북한에서 먹은 음식에 대
해 들려주세요.

인삼   북한에서도 한국과 같이 다양한 반찬을 차려 놓더라

고요. 심지어 김치도 자주 나오는데 저는 매일 김치가 나왔어요. 저는 그때 김치를 난생처음 먹어 봤어요. (웃음) 한번은 쌀밥이 나왔는데, 두 눈을 질끈 감고 우걱우걱 먹은 게 기억나요. 사실 그 밥 안에 쌀벌레가 많았어요. 먹고 싶지 않았는데 요리사인가 가이드가 뒤에서 내가 먹는 모습을 지켜보고 있었어요. 메모장에 내가 무얼 먹는지 기록하면서요. 어쩔 수 없이 꾹 참고 겨우 먹었죠. 강렬한 기억은 절대로 잊을 수가 없어요. 어쨌든 저는 북한 음식과 너무 안 맞았어요. 여행하는 동안 이상하게 살이 너무 빠지는 거예요.

누리 그래도 입에 맞는 음식이 몇 가지는 있지 않았나요?

인삼 아……. 하나 있어요. 소고기였는데, 무난해서 맛있게 먹었어요.

누리 북한 음식과 안 맞았는데, 여행을 위한 에너지는 어떻게 비축했나요?

인삼 지금은 쇼핑 센터가 있다고 들었는데, 제가 여행했을 때는 쇼핑 센터가 없었어요. 제가 묵은 호텔 안에 쇼핑 공간이 있었지만, 판매 상품이 너무 적어 살 게 없었어요. 그러다가 일주일 뒤 아침에 원산에 갔는데 눈길을 끄는 무언가가 있었어요. 뭐였을까요? (웃음)

누리 음, 초콜릿 아니면 혹시…… 세계적으로 많이 팔리는 코카콜라인가요?

인삼 (웃음) 아니에요. 덴마크 쿠키 과자였어요. 그것을 보자마자 너무 먹고 싶었어요. 그동안 입에 맞는 음식이 없어 고생한 터라 뭔가 당을 충전하고 싶었거든요. 망설이지 않고 냉큼 샀죠. 그런데 가격이 영국에서보다 다섯 배나 비쌌어요……. 북한에서는 덴마크 과자를 수입하기가 어려운 만큼 비용이 어마어마할 수밖에 없다고 생각했어요. 남은 일주일 동안 낮에는 북한 음식을 겨우겨우 먹고 호텔로 돌아와서 그 과자로 허기를 채웠죠. 어떻게 보면 그 과자가 구세주였다고 할 수 있어요. 그 과자 아니었으면 여행할 에너지가 바닥났을 거예요. (웃음) 그 과자를 보면 북한을 추억할 수 있어 지금도 기념품으로 보관하고 있어요.

누리 덴마크 과자가 당신에게 소중한 기념품이 되었네요.

북한 원산에서 산 〈덴마크〉 쿠키 과자.

지금도 간직하고 있다니 놀라워요. 음식 관련해서 또 다른 에피소드는 없나요?

인삼　지역 이름은 기억나지 않는데, 가이드가 처음 보는 음료를 건네주었어요. 우유와 같은 하얀색이고 찰랑거렸어요. 가이드가 한 사발 마셔 보라고 하는데, 무슨 음료인지 몰라 두려운 마음이 앞섰어요. 처음 보는 음료였으니까요. 걱정하면서 한 모금 마셨는데 뭔가 취기가 올라오는 듯했어요. 무엇이냐고 물어보니 알코올이 들어 있다는 거예요. 가이드가 〈다 마셔야 한다〉는 눈빛으로 옆에서 지켜보고 있어 어쩔 수 없이 다 마셨더니 금방 취하더라고요. 가이드가 행복한 미소를 머금더니 두 번째 사발을 내밀더라고요. 엄마가 안 마시겠다고 해서 나한테 준 거였죠. 옆 사람이 계속 웃으면서 마시라고 하는 바람에 두 번째 사발도 원샷했죠. 완전히 비틀거리며 호텔로 갔어요.

누리　아, 아마도 막걸리인 것 같네요. 막걸리가 맞나요?

인삼　네, 맞아요. 막걸리예요. (웃음) 아, 또 다른 에피소드가 생각났어요. 개성 한옥과 같은 집에서 회색의 조금 진한국물이 담긴 그릇을 갖다주고는 설명을 안 해주더라고요. 그래서 제가 무슨 음식이냐고 물어봤어요. 그랬더니 단고 깃국(보신탕)이라는 거예요……. 엄마와 한참 동안 멍했죠. 정말 먹고 싶지 않았어요. 하지만 그때도 요리사가 뒤에서 지켜보고 있었기 때문에 힘겹게 먹었어요. 먹기 싫은 음식을 억지로 맛본 셈이죠. 단고기는 식감이 조금 질겼지만, 양고기와 비슷하면서도 가끔 치킨 맛과 비슷했어요. 다시 먹어 보고 싶지는 않아요.

누리　어쩌다 보신탕을 경험하게 됐군요. 그래도 북한에서 많은 것을 먹어 보고 경험하신 것 같네요.

인삼　맞아요. 그래도 저한텐 덴마크 과자가 최고였어요. (웃음)

3
혼자 간직하기 아까운 이야기들

누리　기억에 남는 관광지를 좀 소개해 줄 수 있나요?

인삼　네, 금수산태양궁전이 대단했어요. 미사일이 와도 폭격이 터져도 절대로 무너지지 않을 정도로 단단하게 지어진 듯했어요. 그곳을 방문하려면 신발에 보호 천을 씌워야 했어요. 복장도 깔끔하고 단정해야 했고요. 금수산태양궁전은 원래 생전의 김일성 주석 집무실이자 관저였대요. 지금은 그곳에 김일성 주석 시신과 김정일 국방위원장 시신이 안치되어 있어요. 그곳엔 김일성 주석이 살아생전에 입던 옷이나 사용했던 물건 등이 가득했어요. 총, 타고 다녔던 자동차도 진열되어 있었고요. 그뿐만 아니라 김일성 주석과 김정일 위원장에게 바치는 선물도 가득했어요. 우리는 김일성과 김정일 시신이 안치된 곳을 보기 전에 반드시 참배해야 한다는 규정에 따라 참배했어요. 시신 발 쪽에 서서 한 번 인사하고 시곗바늘 방향으로 돌면서 세 번이나 인사했어요. 그런데 얼굴이 있는 머리 쪽에서는 절대로 인사하면 안 된다고 하더라고요. 이 모든 것을 두 눈으로 직접 보면서 〈금수산 태양궁전은 북한 최고의 성지구나…… 김일성 주석과 김정일 국방위원장을 우상화하고 영웅화하는 것이 정말 무섭구나〉하는 생각이 들었어요.

누리 김일성, 김정일 영웅 신화를 받아들이며 심미적으로 찬양하는 모습을 제대로 보여 주는 거네요. 수령 우상화가 그토록 무서운 것 같습니다. 그러면 혹시 북한 여행 중에 축제나 행사가 있지는 않았나요?

인삼 북한 여행을 하면서 절대로 잊을 수 없는 축제가 있는데, 바로 아리랑[10]축제였어요. 너무 아름답더라고요. 특히

10 〈아리랑〉은 2007년 8월 〈세계적으로 가장 큰 집단체조와 예술공연〉이란 명목으로 기네스북에 등록되었다. 공연 규모를 보면 참가자 대다수인 학생이 수업을 전폐하고 연습만 하는 것 아닌가 궁금하다. 하지만 학교 수업을 마친 뒤에 연습한다고 한다. 수만 명이 한곳에 모여 연습하는 것이 아니라 학교별로 연습한다고 한다. 당연히 숙달되려면 6개월 정도 걸린다고 한다. 전 세계 어느 나라에서도 따라 할 수 없고, 오직 집단주의를 국가적으로 승화시킨 북한에서만 가능한 〈대집단 체조와 예술공연〉이다. 일찍이 김일성 주석

카드 섹션이 대단했어요. 최고의 카드 섹션을 보여 주기 위해 얼마나 피나는 노력을 했을지 짐작되었어요. 아리랑 축제를 보기 위해 좌석에 앉았는데, 앞좌석에 앉은 여자 무리가 휴대폰을 갖고 있더라고요. 보자마자 〈북한 사람들은 누구나 핸드폰을 쉽게 휴대하고 다니나?〉 하는 생각이 들었어요. 혼자서 그런 생각을 하고 있는데 그들의 핸드폰에서 일본어가 보이는 거예요. 일본 사람들 같았어요. 나중에 알고 보니 그들은 일본 사람이 아니라 재일 코리안이었어요.

누리   재일 코리안은 복잡하면서도 미묘한 정체성을 갖고 있어요. 일제 강점기에 여러 이유로 조선에서 일본으로 건너간 사람도 있고, 일본에서 살다가 북한으로 다시 돌아간 사람도 있고, 조선에서 일본으로 갔다가 한국으로 돌아와 한국 국적을 선택한 사람도 있죠. 여러모로 미묘한 정체성을 보여 주는 것 같아요. 그들 중 일본에서의 삶을 선택한 사

은 〈집단주의는 사회주의, 공산주의 사회생활의 기초〉라고 말했다. 집단주의 원칙은 헌법(제63조)에 〈조선 민주주의 인민 공화국에서 공민의 권리와 의무는 《하나는 전체를 위하여, 전체는 하나를 위하여》라는 집단주의 원칙에 기초한다〉고 규정돼 있을 만큼 북녘 사회를 관통하는 사상이자 문화다. 북에선 이런 집단주의를 학생 시절 대집단 체조 등을 통해 몸으로 직접 배우는 것이다[4.27시대연구원, 『북 바로 알기 100문 100답 (1)』(서울: 사람과사상, 2019), 87~89].

람을 위해 일본에 세운 〈조선학교〉가 있어요. 인삼 님이 아리랑 축제에서 본 그들은 아마도 조선학교에서 북한으로 수학여행 온 사람들 아닐까 싶네요.

인삼 맞는 것 같아요. 어쨌든 아리랑 축제는 정말 아름답고 환상적이었어요.

누리 아리랑 축제가 너무 궁금하네요. 저희는 사진으로만 접했는데 직접 보셨다니 더 궁금하군요. 또 다른 이야기는 없나요?

인삼 인터넷을 통해 북한에 동물원이 있다는 걸 알게 됐어요. 북한에서 동행한 가이드한테 동물원에 가고 싶다고 했더니 안 된다는 거예요. 며칠 후에 다시 말했더니 가이드가 고민에 잠긴 듯한 표정을 짓더라고요. 그의 표정에서 한 줄기 희망이 보였어요. 그다음 날 아침에 가이드가 동물원에 가자고 하더라고요. 기대를 안고 원산 동물원에 갔는데 입을 다물기 힘들 정도로 충격적이었어요. 사자가 너무 말라 있었어요. 혹시 동물원 울타리와 같은 철창에 갇혀 있는 개를 본 적 있나요? 저는 없거든요. 보통 동물원에는 기린, 사자, 코뿔소, 호랑이 등 접하기 힘든 다양한 동물이 있잖아요. 그런데 원산 동물원에는 개와 고양이가 많았어요. 심지어 동물원에 어린아이, 평범한 가족, 주민들은 안 보이고 군인들만 북적거리더라고요. 너무 충격이었죠.

누리　마음이 아프네요. 그래도 인삼이 가고 싶어 한 동물원 투어를 준비해 준 가이드가 고맙네요.

인삼　그럼요. 그 가이드 덕분에 원산 동물원을 구경할 수 있었다고 생각해요.

누리　평양 하면 생각나는 대중교통 중 하나가 〈지하철〉인데, 평양에서 지하철을 타보셨나요?

인삼　그럼요, 타봤죠. 러시아 여행 경험은 없지만, 세계에서 아름다운 지하철 중 하나가 러시아 지하철이라고 하잖아요. 참, 러시아 지하철은 사진만 봐도 너무 아름답고 화려하더라고요. 평양에서 지하철을 타봤는데, 전체적인 분위기가 사진으로 접한 러시아 지하철과 닮은 것 같았어요. 너무 매혹적이고 아름다웠어요.

누리 평양 지하철이 매우 아름답다는 것은 저희도 인정할 수밖에 없어요. 사진으로 보면 웅장함이 느껴지는데 실제로 접하면 어떤 기분일지 상상할 수가 없겠더라고요. 저희도 언젠가는 평양 지하철을 타볼 수 있겠죠? 평양 지하철 노선도가 어떻게 생겼는지 궁금한데, 혹시 기억나는 게 있나요?

인삼 네, 지하철 정거장이 듬성듬성 있을 정도로 적은 노선도 가운데 외국 여행객이 탈 수 있는 노선도가 하나 있었어요. 지하철을 타고 내릴 수 있는 정거장은 두 곳밖에 없었어요. 그런데 제 개인적인 느낌으로 지하철을 탄 북한 주민들의 눈빛과 행동이 뭔가 연기하는 듯했어요. 평양 지하철을 타는 내내 그런 기분이었던 것 같아요.

누리 북한 사람들이 평양 지하철을 반복적으로 탑승하고 내리는 일이 전부 연기라는 설이 돈 적이 있긴 해요. 무엇이 사실인지는 잘 모르겠지만, 확실한 건 평양 지하철이 매우 아름답다는 거죠. 이제 다른 질문을 하고 싶은데요. 북한에서 새롭게 알게 된 문화나 잊을 수 없는 에피소드가 있나요?

인삼　네, 처음 평양 공항에 도착해 입국 수속을 밟을 때 일이에요. 입국 수속 과정에서 북한 직원이 우리가 농인이라는 것을 알고 어떻게 대해야 할지 몰라 당황하더라고요. 그래도 우리를 친절하게 대해 주어 입국 수속을 금방 마칠 수 있었어요. 우리가 묵을 호텔 앞에 많은 자동차가 주차되어 있는데 아우디, 벤츠, BMW 등 대부분 고급 브랜드였어요. 북한 고위 관료들의 자동차였죠. 북한 자동차 번호판은 하얀색, 빨간색 등 색깔이 다르게 되어 있는데 신분을 나타내는 것 아닐까 하는 생각이 들었어요. 그런데 갑자기 어떤 남자가 다가와서 악수를 청하는 거예요. 그의 행동이 매우 적극적이어서 엉겁결에 악수를 나누고 명함까지 받았는데, 명함을 확인해 보니 북한 여행 관련 고위 관리직에 있는 분이었어요. 우리가 농인이라는 사실을 알고 어느 박물관에 데려다주고 싶다고 하더라고요. 우리와 동행하던 가이드 두 분과 함께 자동차를 타고 박물관으로 따라갔어요. 박물관 입구 앞에 군인이 서 있었어요. 남자 가이드가 내려서 군인에게 (우리를 증명할 수 있는) 신분증 등 서류를 보여 줬는데, 군인이 증명 서류가 애매하다면서 입장하기 어렵다는 식으로 우리를 막더라고요. 남자 가이드가 계속 설명하려 해도 서로 소통이 안 되는 거예요. 두 사람 이야기가 길어지자 고위 관리직 분이 참지 못하고 차에서 내렸어요. 그랬더니 서 있던 군인이 바로 90도 인사를 하면서 박물관 입장을 허락해 주는 거예요. 그 모습에 어처구니가 없었죠.

누리   그런 일이 있었군요. 북한에서 고위 관료들이 위용을 떨치는 사례가 가끔 있을 것 같아요. 북한 여행을 하면서 의도치 않게 북한의 빈부 격차를 목격하신 적 있나요?

인삼   네, 어렸을 때부터 엄마가 강조하신 것이 있어요. 〈모든 사람은 평등하고 동등하다. 종교가 다르건, 가정형편이 다르건, 부자건, 가난하건, 학교 출신이 다르건 사람은 다 같이 동등한 존재〉라고 늘 말씀하셨어요. 엄마의 생각을 자연스레 받아들이면서 자라 엄마와 같은 마인드를 갖게 되었죠. 북한을 여행하는 동안 아무리 이해하려고 해도 이해할 수 없는 상황을 목격하기도 하고 빈부 격차가 엄청나다는 것을 직간접적으로 경험했어요. 그럴 때마다 분노가 일면서 마음이 아팠어요. 엄마와 함께 평양 시내가 다 보이는 대동강 근처에 앉아 밤늦게 세 시간 가까이 내 생각을 터놓기도 했어요. 엄마가 공감하며 조언해 주셔서 마음이 든든하고 생각을 정리할 수 있었어요. 그렇게 엄마와 소소한 이야기든 깊은 이야기든 나누는 시간이 저에겐 너무나 소중해요.

누리 야경이 눈부시게 아름다운 대동강 근처에서 멋있는 어머님과 깊은 이야기를 나눈 그 시간이 정말 소중하게 느껴졌을 것 같아요. 잊을 수 없는 에피소드가 더 있나요?

인삼 나라마다 인사 방식이 다르죠. 유럽에서는 손으로 악수하며 인사를 나누고 동아시아에서는 몸을 살짝 기울이며 인사를 건네죠. 북한에서는 김일성 주석상 앞에서 인사를 건네는 것이 예의라고 하더라고요. 심지어 외국인 여행객들까지 김일성 주석상 앞에서 무조건 인사를 해야 돼요. 꽃바구니를 사가지고 가서 앞에 놓고 인사드려야 하는 분위기와 그런 사상이 이해되지 않았어요. 북한에 왔으니까 어쩔 수 없이 하라는 대로 헌화하고 인사드렸죠. 여행하면서 김일성 주석상이나 관련 얼굴이 보일 때마다 인사해야 한다고 하는데, 이해가 안 됐지만 한편으론 참 흥미로웠어요.

누리 북한 지도자의 우상화 작업은 정말 무서운 것 같습니다. 오늘의 북한을 지도하는 김정은 국무위원장도 우상화를 더 강하게 본격화하지 않을까 하는 걱정이 앞서요. 북한

수령에 대한 개인 우상화 작업은 멈추지 않을 것 같아요.

인삼　맞아요. 원산에 있는 절을 방문한 적이 있어요. 공산주의 국가라서 종교기관이 아예 없는 줄 알았는데 절이 있어 신기했어요.[11] 그런데 군인이 많더라고요. 엄마는 두 가이드와 함께 절이 있는 위쪽으로 구경 가고 저는 밑에서 아름다운 풍경을 사진에 담으려고 카메라로 각도를 조절하고 있었는데, 갑자기 젊은 군인 한 명이 분노 가득 찬 눈빛으로 째려보며 저를 밀어붙이려고 했어요. 그의 갑작스러운 행동과 눈빛에 두려웠지만 표정을 드러내면 때릴 것 같아 아무렇지 않은 척하며 가만히 있었죠. 긴장감이 팽팽하게 감돌자 위에서 지켜보던 가이드가 곧바로 뛰어 내려와 그 사람을 쫓았어요. 그의 눈빛과 표정은 유럽 사람을 싫어하는 듯했어요. 만약 제가 그의 눈빛에 똑같이 몸을 밀어붙이려고 했다면,

---

11　북한은 사회주의 국가이지만 엄연히 다종교를 허용하고 있다. 그중에서도 불교는 우리 민족의 역사와 공존해 온 종교라서 그런지 일반적으로 개신교나 천주교에 비해 조금 더 우호적인 듯하다. 4대 명산(칠보산, 묘향산, 구월산, 금강산) 위주로 불교 고찰들이 그대로 남아 있고, 전국적으로 복원된 사찰과 암자가 70여 개에 이른다. 북쪽 지역에서는 불교와 관련된 문화재와 유적지가 많기 때문에 대중의 종교 선호도와 친밀도에서 타 종교에 비해 유리한 편이며 불교에 대한 탄압이나 통제는 특별히 없다(4.27시대연구원, 앞의 책, 182~183, 210~211).

위험한 상황으로 이어졌을지도 몰라요.

누리 잘못된 인식에서 비롯한 행동이었다니 마음이 아프네요. 북한에서뿐만 아니라 전 세계 곳곳에서 잘못된 사고방식으로 인해 행동으로 이어지는 경우가 많은 것 같아요. 그래도 큰 문제로 번지지 않아 다행이네요.

인삼 아, 갑자기 재미있는 에피소드가 생각났어요. (웃음) 남자 가이드분이 저를 보고 사격 게임을 겨루어 보지 않겠느냐고 제안하는 거예요. 너무 솔깃해 곧바로 좋다고 했죠. 그 가이드는 군인 출신에다가 사격 경험이 많은 사람이었어요. 그런데 저는 사격 경험이 아예 없었단 말이에요. 당연히 그가 사격 게임에서 이길 거라고 생각했죠. 제가 먼저 총알을 쐈는데 웬걸…… 목표물을 맞춘 거예요. 반면 그는 목표물에 못 맞춰 제가 2대 1로 이겼어요. (웃음) 웃으면서 악수를 나눈 뒤 게임을 마무리했죠. 그런데 외국인 한 명과 가이드 한 명이 서로 사격 게임을 하는 모습이 흥미로웠던지 북한 주민들이 우리 주변으로 몰려들었어요. 순간 마치 제가 유명 인사가 된 기분이었죠. (웃음)

누리 　와! 가이드와 사격 게임이라니, 재미있었을 것 같아요. BTS급 인기를 실컷 누리셨다니 너무 멋있는데요! 아, 갑자기 궁금한데요, 북한에서 농인을 비롯한 장애인을 만난 적 있나요?

인삼 　좋은 질문이에요. 아쉽게도 만난 경험은 없어요. 동물원에 가게 해달라고 계속 부탁한 것처럼 가이드에게 농인을 만나게 해줄 수 있는지 거의 매일 물어봤는데 안 된다고 하더라고요. 북한에 농학교가 있는 것을 알고 있지만, 농학교를 방문하는 건 어려울 것 같다고 말하더라고요. 알고 보니 엄마와 저는 수어 이용자인데, 북한 농인들과 수어로 소통하면 가이드가 그 모든 말을 알아들을 수 없잖아요. 가이드 입장에서는 그게 조금 위험하다고 생각됐나 봐요. 그래서 북한 농인을 만날 수 없게 한 것 아닐까 생각하고 있어요. 어쨌든 너무 아쉬웠어요. 저는 전 세계 농인들과 만나는 것을 굉장히 좋아해요. 그 나라만의 문화를 갖고 살아온 농인과 교류하면 색다르고 즐겁거든요. 북한에 다시 가게 되면 농인을 꼭 만나고 싶어요.

누리 　그렇군요. 언젠가 북한 농인과 전 세계 농인이 자유롭고 활발하게 교류하는 날이 오겠죠? 저희도 그런 날을 간절히 바라고 있어요. 그리고 북한에서 가이드 두 분과 2주 동안 돌아다니면서 술도 함께 마시고 했으니 정이 들었을 것 같아요.

인삼   맞아요. 2주 동안이나 함께했으니 친해졌죠. 두 분한테 영국 수화를 몇 가지 가르쳐 드렸더니 금방 익히더라고요. 아마도 가이드라는 직업 특성상 언어(외국어)에 능통해야 하기 때문에 수화 습득 속도도 빠르지 않았나 싶어요. 관광지 소개를 영국 수화 중 기본적인 단어로 천천히 설명해 주는 정도였는데 너무 잘하시더라고요.

누리   영국 수화 몇 개를 가르쳐 드렸다니 의미가 매우 컸을 것 같아요. 다시 만났을 때 그분들이 영국 수화로 인사를 건네면 너무 반가울 것 같네요.

인삼   그렇죠. 이별을 앞둔 마지막 날 밤, 두 가이드가〈평양에서 조금 떨어진 시내를 같이 거닐어 보면 어떻겠느냐?〉고 제안하더라고요. 엄마와 저는 반가워하며 바로 좋다고 했죠. 그렇게 해서 두 분의 가이드와 함께 평양 시내를 거닐다 보니 가로등 불빛이 약해 너무 어두운데 저 멀리 보이는 김일성·김정일 초상화를 비추는 빛은 너무 환한 거예요. 순간 〈일반 사람들의 삶을 비춰 주는 것이 더 중요하지 김일성·김정일 초상화를 비추는 일이 더 중요한가?〉 하는 생각이 들었어요. 상식적으로 이해가 안 갔지만, 북한만의 사상이겠죠. 마음이 너무 아팠어요.

누리   마음 아픈 이야기이지만 북한의 사상은 저희가 감히 상상하기도 어렵더라고요. 북한이 지도자 우상화 작업을 하루빨리 멈췄으면 좋겠어요. 마지막 날까지 함께한 가이드와 이별하기가 힘드셨을 것 같아요.

인삼   맞아요. 여행하는 내내 함께해 정이 들었는데 이별하려니…… 마음이 좀 그랬죠. 두 사람과 다시 만날 기회가 있을까 생각하니 마음이 너무 아팠죠. 엄마는 엄청 우셨어요.

누리   이별은 늘 마음 아픈 것 같아요. 가끔 그 두 분이 떠오를 때가 있을 것 같아요.

인삼   맞아요, 가끔 생각나요. 2014년인가 도쿄에 간 적이

있어요. 일본에 북한 장애인을 돕는 독일 농인 〈로베르트〉
가 와 있다는 사실을 알고 그 농인을 만나러 간 거였죠. 그에
게 〈우리 모자의 북한 여행을 함께한 여자 가이드와 북한에
서 만나면, 제가 쓴 편지를 전해 주실 수 있나요?〉라고 물어
봤어요. 그가 흔쾌히 알겠다면서 편지를 잘 전해 주겠다고
하더라고요. 그에게 편지와 사진(우리 엄마, 여자 가이드 셋
이서 찍은 사진)을 드렸어요. 1년쯤 지난 어느 날 아침 메일
한 통이 온 거예요. 마음이 너무 따뜻해지고 행복한 내용이
었어요. 일본에서 만난 농인이 북한에 가서 여자 가이드와
만나 편지와 카드를 잘 전해 드렸다는 거예요. 그 여자 가이
드도 저와 엄마를 당연히 기억하고 있고, 우리가 가르쳐 준
영국 수화도 잘 기억하고 있다고 전해 주더라고요. 너무 반
가웠어요.

누리 와, 감동이네요. 얘기를 듣는 저희도 마음이 뭉클해
지네요. 언젠가 다시 한번 만날 수 있기를 바라요.

인삼 저도 다시 만나기를 바라고 있어요.

누리 네, 좋습니다. 여행 마무리는 기념품 구입 아니겠어

3장 영국 농인이 바라본 북한

요? 북한에서 기념품을 좀 사셨나요?

인삼 네, 아무래도 제일 먼저 산 기념품은 덴마크 과자라고 할 수 있겠죠. (웃음) 그리고 일러스트레이션 엽서, 크리스마스트리 장식품인 색동 고리도 샀어요.

누리 크리스마스트리 장식용 색동 고리라니, 너무 예쁠 것 같아요. 크리스마스트리에 걸 때마다 북한 여행이 떠오를 것 같아요. 북한 여행이 끝나고 영국으로 돌아갈 때 기분은 어떠셨나요?

인삼 네, 마음이 너무 싱숭생숭했죠. 마지막 날 기차를 타고 중국으로 향하는데, 국경을 넘어서는 순간 풍경이 달라지기 시작했어요. 점점 더 가니 창밖으로 솟아오른 높은 빌딩들이 보이더라고요. 두 나라의 풍경이며 분위기가 너무나 달라 여러모로 기분이 싱숭생숭했어요. 사실은 북한 여행을 하는 동안 사람들의 얼굴에서 밝은 미소를 보기 힘들었어요. 그런데 중국에 발을 내딛는 순간 공기가 확 달랐어요. 대부분 사람이 밝은 미소로 인사를 건네고 환영해 주니 자유가 확 몰려왔어요.

북한 기념품 〈크리스마스트리 장식용 색동 고리〉.

누리　아……. 여러모로 마음이 이상했을 것 같아요. 북한은 자유가 없고 통제되어 있지만 자연이 너무나 아름답죠. 언젠가 북한 사람들이 자유를 찾았으면 좋겠어요. 북한에 다시 간다면 꼭 다시 가보고 싶거나 새롭게 가보고 싶은 곳이 있나요?

인삼　북한에 다시 간다면 평양 시내를 한 번 더 가보고 싶어요. 최근 북한에 다녀온 지인의 얘기를 들을 때마다 놀라요. 제가 갔을 때 풍경과 많이 바뀐 듯하더라고요. 예전에는 외벽 색깔이 대부분 회색이었는데 요즘에는 다채로운 색상으로 바뀌었나 봐요. 그래서 다시 가보고 싶어요. 옛날 북한과 요즘 북한을 비교해 보는 좋은 경험이 될 것 같아요.

누리　와, 2009년에 다녀오셨으니 그동안 북한에서 어떤 변화가 있었는지 비교해 보는 것도 흥미로울 것 같아요. 언젠가 북한에 다시 다녀온 인삼 님의 이야기를 듣고 싶습니다. 북한을 한 단어로 어떻게 표현할 수 있을까요?

인삼　오묘하다? 신묘하다? 이렇게 표현할 수 있을 것 같아요. 전 세계 여러 나라를 여행해 봤지만 분위기가 완전히 다른 나라는 북한뿐이었어요.

누리   조심스러운 질문인데, 인삼 님은 북한과 남한의 통일을 어떻게 생각하는지 궁금합니다.

인삼   같은 핏줄이 아니라서 말하기 조심스럽지만…… 통일에는 장단점이 무조건 있는 것 같아요. 통일한 지 꽤 지난 독일도 여전히 많은 문제를 안고 있어요. 북한과 남한은 같은 민족이라는 사실을 잘 알고 있어요. 얼굴 생김새나 언어 등 고유한 문화가 거의 다 같죠. 그렇기 때문에 통일이 필요하다고 생각되지만, 통일 이후가 문제죠. 경제, 사회, 예술 등 각 분야에서 머리를 맞대고 고민해야 하는 문제가 끊임없이 계속될 테니까요. 제가 죽기 전에 남한과 북한의 통일을 직접 볼 수 있을지는 잘 모르겠지만, 그래도 통일되면 더 좋겠죠.

누리   개인적인 질문인데요, 만약 갑자기 돈벼락을 맞는다면 북한에서 어떤 것을 해보고 싶으세요?

인삼   저는 북한 농인들을 위한 센터나 학교를 세우고 싶어요. 요즘 인터넷으로 전 세계가 하나 되는 시대잖아요. 하지만 북한은 아직 멀었죠. 농인들은 더하고요. 농인들을 위한 학교를 설립해서 이들에게 정보화 교육을 하고 싶어요. 정보화 시대에 사는 우리마저 정보 접근권 부재를 많이 겪는데 북한 농인들은 더 심하지 않겠어요? 북한 농인들을 위한 정보화 교육을 진행하지 않으면, 나중에 남북한이 통일되더라도 많은 문제에 부딪힐 거예요. 농인에게 가장 중요한 교육은 정보에 접근할 수 있는 능력과 언어 교육이에요. 농인의 권리가 보장되면 청인만큼 많은 정보를 습득할 수 있을 테니까요.

누리 맞아요. 농인의 권리가 보장되면 청인만큼 다양하고 많은 정보를 습득할 수 있을 거예요. 북한에서 농인을 위한 정보화 교육이 이미 진행되었을 수도 있고 아직 이루어지지 않았을 수도 있겠죠. 마지막으로, 하고 싶은 말이 있으신지요?

인삼 네, 2009년에 북한에 다녀왔는데 지금까지 많은 사람이 〈북한은 어떠냐? 북한 여행은 어렵냐?〉라고 물어보세요. 쉽게 다가갈 수 없는 국가인 데다가 농인이 북한에 다녀왔다고 하니 더욱 궁금해하는 것 같아요. 아, 갑자기 봉구비어에 가고 싶어졌어요. (웃음) 봉구비어에서 맥주와 소주를 마시기 위해 한국에 다시 가야겠어요. 또한 평양 시내만의 독특한 분위기를 느끼러 북한에도 다시 가야겠어요.

누리   (웃음) 그럼 다음 해외 여행지는 〈한국〉인가요? 한국에 오시면 두 손 들어 환영하겠습니다.

상가포를 녹이고 바람이 된다는 북한

1
1980년대로 돌아간 기분이에요

동남아시아의 강소국, 싱가포르에서는 한국과 북한을 어떻게 바라볼까? 작지만 강한 나라 중 하나로 알려진 싱가포르는 왠지 모르게 친근하면서도 동질감마저 느끼게 한다. 한국에는 없고 싱가포르에 있는 것은 바로 북한 대사관이다. 의외로 많은 관광객이 가는 클라키 주변에 있다고 한다. 또 북한 비자를 발급받고 한화로 2백만~3백만 원이면 단체로 북한 여행이 가능할 정도로 싱가포르와 북한은 우호적 관계를 맺고 있다. 반갑게도 한국과 북한에 다녀온 싱가포르 농인 〈히나〉를 만나 북한에 대한 이야기를 생생하게 들을 수 있었다. 궁금하지 않은가?

누리　히나 님, 안녕하세요. 만나서 반가워요. 한국 국민으로서, 또 한국에서 살아가는 농인으로서 싱가포르에서는 대한민국과 북한, 그리고 두 나라의 분단에 대해 어떻게 바라보는지, 또 싱가포르에서 살아가는 농인으로서 어떻게 생각하는지 궁금합니다. 그 이야기를 들어 볼 기회를 찾고 있었는데, 이렇게 만나게 되어 정말 기쁘고 기대됩니다.

히나　안녕하세요. 이렇게 만나 이야기를 나눌 수 있어 저 역시 기쁘고 반가워요. 저의 경험담을 한국 국민, 특히 한국 농인에게 공유하고 싶었는데, 그게 이루어지니 사실 아직 실감 나지 않으면서도 설렙니다.

누리　소중한 경험담을 나눠 주신다니 정말 감사합니다. 히나 님, 대한민국과 북한, 모두 다녀왔다고 들었어요. 각 나라에 방문한 소감이 너무 궁금해요. 자세히 들려줄 수 있을까요?

히나　대한민국에는 몇 번 다녀왔고, 북한에는 딱 한 번 방문했어요. 먼저, 대한민국은 현대적이면서 첨단 기술이 발전해 있고, 매우 활기차며 자유로운 도시로 기억하고 있어요. 하고 싶은 것이 있으면 자유롭게 하라는 분위기가 가득한 것 같았어요. 반면에, 북한은 처음 도착했을 때 마치

1980년대로 돌아간 듯한 분위기였어요. 건물이나 공항, 버스 등 보이는 것들이 상당히 오래된 듯한 느낌을 받았어요. 타임머신을 타고 과거로 돌아간 기분이랄까요? 또 북한은 대한민국과 달리 규칙을 엄청 중요하게 생각하는 것 같았어요. 느긋하면서도 엄격하고 냉정한 분위기가 강했어요.

누리　정말요? 북한이 1980년대 같다니⋯⋯. 북한에 한 번도 가보지 않아서 실제로 어떤지 정말 궁금해요! 대한민국과 북한이 어떻게 다른지 비교해 주시니 금방 이미지가 그려지는 것 같아요. 보통 다른 나라 땅에 첫발을 내딛는 순간 느끼는 인상이 있잖아요. 히나 님이 북한 땅을 처음 밟았을 때 느꼈던 〈첫인상〉을 좀 더 자세히 묘사해 줄 수 있을까요?

히나　조금 전에도 말씀드렸지만, 규칙을 엄청 중요하게 생각할 만큼 정말 보수적인 분위기였던 것 같아요. 보통 다른 나라에 가면 수화물 검색을 하고 입국 신고를 하잖아요. 북한은 유독 엄격하게 진행하더라고요. 스마트폰, 아이패드, 노트북 등 전자기기까지 꼼꼼히 검사하고 기기 내에 있는 모든 콘텐츠를 삭제해 달라는 요구를 들었어요. 사실 북한에 체류하는 동안 여가 시간에 시청하려고 미리 대만 드라마를

다운받아 가지고 갔거든요. 그런데 그걸 삭제해 달라는 거예요. 순전히 여가를 위해 준비한 거였고, 북한에 전혀 해가 되지 않는 콘텐츠였음에도 말이죠. 결국 어쩔 수 없이 삭제해야 했어요. 그 일 이후에는 의식적으로 어떠한 규칙도 어기지 않으려 최선을 다했고, 그만큼 경계심을 늦출 수 없어 항상 긴장 속에서 움직였어요.

누리 대한민국과는 많이 다른 분위기일 거라고 생각했지만, 그 정도로 보수적이고 엄격할 줄은 미처 몰랐네요. 북한에 방문한 경험이 없어서 들려주시는 모든 이야기가 너무 생생하게 느껴지네요. 덕분에 북한에 대한 첫인상을 간접적으로나마 느끼게 되었어요. 히나 님은 북한에 가기 전부터 북한에 관심이 있었는지, 또 싱가포르 사람들은 북한에 대해 어떻게 생각하고 있는지 궁금해요.

히나 싱가포르 사람들은 북한을 폐쇄적인 공산주의 국가라고 인식하고 있어요. 저도 북한을 뭔가 비밀이 많고 신비로운 나라일 것 같다고 생각했어요. 평소에 제일 궁금했던 것은 바로 북한 청각 장애 학교 등 청각 장애와 관련된 것이었어요. 대한민국처럼 북한에도 지하철이 있는데 인테리어

나 분위기, 디자인이 매우 아름답다고 들었거든요. 사진으로 한번 봤는데, 실제로 보면 어떨지 정말 궁금했어요. 제가 북한에 방문한다고 하니까 사람들이 위험하지 않냐고 많이 걱정했는데, 그래도 한 번쯤 가보고 싶었어요. (웃음)

누리 저희와 비슷하네요! 대한민국에서도 북한에 대해, 또 분단 국가에서 살아가는 사람으로서 통일에 대해 긍정적으로 생각하는 사람이 있는 한편, 부정적으로 생각하는 사람도 있어요. 중립적인 사람도 많고요. 시각이 다양하죠. 싱가포르에서 북한까지 가는 직항편이 없을 것 같은데, 어떻게 가셨나요?

히나 맞아요, 직항편은 없어요. 싱가포르에서 중국 베이징을 경유해 북한에 도착했는데, 총 아홉 시간이나 걸렸어요. 정확히는 싱가포르에서 베이징까지 일곱 시간 걸렸고, 베이징에서 북한까지는 두 시간밖에 안 걸렸어요. 이렇게 해서 총 아홉 시간 비행했지요. 아! 그리고 저는 〈로베르트〉라는 독일 농인을 비롯한 다른 농인들과 함께 갔어요. 직항편이 없었기 때문이기도 하지만, 〈로베르트〉를 비롯한 전 세계 농인들과 만나기 위해 베이징으로 가서 함께 북한으로 갔죠.

누리 아~ 로베르트! 마침 로베르트도 북한 여행에 대해 경험담을 몇 번 들려줬거든요. 그의 이름을 다시 들으니 반갑네요. 꽤 오랜 시간 비행하셨는데, 혹시 기내 서비스는 괜찮았나요? 승무원들은 친절했나요?

히나 승무원이 생각보다 적었어요. 보통 국제선을 타면 많은 승무원이 소통하고 서비스해 주는데, 제가 비행했을 때는 승무원이 단 두 명이었어요. 비행 시간도 짧고 비행기도 작아서 그랬던 걸까요? 서비스도 아주 기본적이고 단순했어요.

누리 오, 그랬군요. 보통 국제선을 타면 착륙하기 전 기내에서 입국 신고서를 작성하고, 착륙 후 입국 심사와 신고 절차를 거치잖아요. 혹시 북한 입국 절차는 어땠나요? 쉬웠나요, 아니면 어려웠나요?

히나 앞서 언급했던 것처럼, 단체로 움직였기 때문에 절차가 까다롭지 않았어요.

누리　서울에서 평양으로 직접 갈 수만 있다면 정말 좋을 것 같아요. 저희도 언젠가는 갈 수 있겠죠? 자, 아홉 시간이라는 긴 비행 끝에 도착한 평양의 첫인상은 어땠는지 등 북한에 대해 좀 더 자세히 탐색해 볼게요. 아무래도 가장 먼저 어디에 갔는지가 중요하겠죠? 북한의 어느 도시를 방문했나요?

히나　원래 계획은 원산이었는데, 방문했을 때는 원산에 있는 농학교가 휴교해 평양만 다녀왔어요. 북한에 처음 가보는 거여서 다양한 도시를 보고 싶었는데 그러지 못해 많이 아쉬웠어요.

누리　정말 그러셨을 것 같아요. 저희도 원산이 평양 다음으로 가장 궁금하거든요. 마식령스키장이 유명하죠. 원산잡채도 있고……. 평양에도 유명한 명소가 많지만 원산만의 매력이 있지요. 정말 아쉬웠겠어요.

히나　어, 맞아요! 마식령스키장에 가보고 싶었어요.

누리　역시! 그럴 것 같았어요. 그럼 평양에서 가장 좋았던 곳은 어디였나요?

히나 단연 〈김일성광장〉이었어요. 북한 하면 평양, 평양 하면 김일성 광장이죠. 랜드마크니까요. 저에게 그곳은 웅장하고 장엄하면서도 개방적인 곳이었어요. 북한은 규칙을 매우 중요하게 여기는 듯한 첫인상을 받았는데, 여기서는 규칙에 대해 신경 쓰지 않아도 될 만큼 느긋하면서 편안했어요.

누리 첫인상 때도 이야기하셨듯이 북한은 〈규칙〉을 엄청 중요시하는 것 같아요. 혹시 기억에 남는 규칙이 있나요?

히나 여행할 때 동행했던 가이드의 말씀으로는 특정 장소 혹은 특정 사람을 촬영할 수 없다고 해요. 사진이나 영상 촬영에 대해 매우 민감하게 생각하더라고요. 그게 가장 큰 규칙이었어요. 일정을 마치고 숙소로 돌아간 뒤에는 호텔 밖으로 나갈 수 없다는 규칙도 있었어요. 약간 자유롭지 않은 듯한 분위기였어요.

누리 북한은 정말이지 〈규칙〉을 매우 중요하게 생각하는 것 같네요. 규칙을 중심으로 돌아가는 것 같아요. 그리고 숙소 이야기가 나와서 질문드릴게요. 북한 여행 당시 묵었던 숙소가 호텔이라고 말씀하셨는데, 북한의 호텔은 어떤지 궁금해요. 게스트하우스도 있고 다양한 형태의 숙소가 많잖아요. 호텔이라면 그 나라만의 특징이 있을 것 같은데, 북한의 호텔은 어땠나요?

히나   제가 느꼈던 북한의 첫인상 그대로 호텔도 1980년대로 거슬러 올라간 듯한 분위기였어요. 매우 오래된 디자인이었고, 일부는 오랫동안 사용하지 않은 듯한 느낌이었어요. 일부 복도는 불이 꺼져 있어 꽤 어두웠어요. 또 호텔 방의 벨을 누르면 문에서 불이 깜빡거리는데, 처음에는 조금 소름 끼칠 정도로 무서웠어요. 너무 낯설고 생소한 느낌이 가득했던 곳으로 기억하고 있어요.

누리   그렇다면 호텔 주변 환경은 어땠나요?

히나   호텔 주변은 꽤 깨끗하고 한적한 편이었어요. 보통 우리가 많이 보는 도시의 분위기였죠.

누리　보통 여행할 때 하루 일정을 마치고 숙소로 돌아가면 여독을 풀면서 자유 시간을 보내잖아요. 히나 님은 〈로베르트〉를 비롯해 다른 나라 농인들과 그룹을 지어 여행하셨는데, 숙소에서도 그들과 함께 여가 시간을 즐기셨나요?

히나　네, 하루 일정이 일찍 끝나는 편이어서 저녁 시간은 늘 여가 활동을 하며 보냈어요. 저녁 식사 후에 밤마다 호텔 내 펍에 모여 수다를 떨면서 시간을 보냈어요.

누리　친구들과 같이 여행할 때나 게스트하우스에서 남은 시간을 보낼 때 흔히 볼 수 있는 모습이네요. 꽤 정겹고 익숙한 분위기였을 것 같아요! 보통 그럴 때 슈퍼마켓이나 편의점에 가서 간식거리나 필요한 걸 사오잖아요. 숙소에서 자유 시간을 보낼 때, 슈퍼마켓에 가본 적 있나요?

히나　자유 시간에 호텔 밖으로 나갈 수 없다는 규칙 때문에 그러지 못했어요. 다행히 여행 마지막 날 가볼 수 있었죠. 백화점 안에 있는 슈퍼마켓에 환전소가 있었거든요. 거기서 유로/중국 위안화를 북한 통화로 환전했어요.

누리　환전 이야기가 나와서 말인데, 싱가포르에서는 싱가포르 달러SGD를 쓰는 것으로 알고 있어요. 대한민국은 화폐 단위가 〈원KRW〉이에요. 같은 한반도에 있지만 분단국가인 만큼 화폐 단위도 한국과 다를 것 같아요. 북한의 화폐 단위와 물가도 궁금하군요. 보통 해외여행을 할 때는 출발하기 전에 미리 환전을 하잖아요. 어떻게 환전했는지 궁금해요.

히나　북한은 유로와 중국 통화만 가능하다고 해요. 당시에는 SGD-RMB 금리가 SGD-EURO보다 더 좋아 중국 통화로 환전했어요. 환전하면서 알게 된 사실인데, 북한에서는 USD를 새 지폐가 아니면 받지 않는다고 들었어요.

누리　그러면 싱가포르의 표준 통화 단위를 기준으로 환전할 때 북한의 가격은 얼마였나요?

히나　사실 계산이 생각보다 어렵더라고요. 여행 마지막 날 들른 백화점 내 환전소에서 SGD를 중국 위안화로 환전한 후 다시 북한 지폐로 환전했거든요. SGD에서 북한 화폐로 곧바로 환산되지 않고 중국 위안화가 기준이더라고요. 하지만 환전했을 때 북한 화폐를 두툼히 받았던 걸로 기억해요. 그래서 부족하지 않았어요. 하지만 북한 지폐는 약간 더 러웠어요. 뭐, 그건 만국 공통이지만요. (웃음)

누리 북한의 화폐 단위와 환전에 대해 자세히 알아봤으니, 이제 북한의 음식에 대해 질문해 볼게요. 북한에서 어떤 음식을 먹었나요?

히나 냉면, 인삼치킨, 비빔밥을 먹었던 기억이 있어요.

누리 오, 냉면! 평양냉면! 사실 대한민국에도 평양냉면집이 많은데, 그래도 평양에서 먹는 냉면은 또 다른 느낌이고 맛도 왠지 다를 것 같아요.

히나 그런데 북한의 음식은 대체로 질보다 양에 중점을 둔 것 같았어요.

누리 그래요? 왜 그렇게 생각하시나요?

히나 북한식 요리의 특징 중 하나가 조미료를 적게 쓴다는 점인 것 같은데, 저한테는 전체적으로 음식이 아주 싱거웠어요. 말씀하신 것처럼 대한민국에도 평양냉면집이 있다고 했잖아요. 대한민국에서 비슷한 음식을 먹어 본 적이 있는데, 상대적으로 맛의 대비가 크다고 느꼈어요. 북한에서 먹은 음식은 대한민국과 달리 싱겁더라고요.

누리 그렇군요! 평양냉면 이야기가 나왔는데, 평양에는 대동강맥주도 유명하죠. 맥주도 마셔 보셨나요?

히나 아뇨, 저는 술을 잘 못 마셔서 경험이 없습니다. 그런데 같이 여행 간 친구 말로는 순한 것 같으면서도 강한 맛이 난다고 했어요. 순하면서도 강하다……? 맞는 표현인지 모르겠는데, 들은 그대로입니다.

누리 음…… 뭔지 알 것 같아요. 사이다에 비유한 것 같아요. 사이다도 맛은 달고 순한데 넘기는 맛이 톡 쏘잖아요. 탄산이 강하게 올라올 때가 있어서요. 그걸 표현한 것 같군요. 일반적인 맥주 맛과 비슷하다고 표현할 수 있겠네요. 그래도 아직 마셔 보지 않아서 궁금하네요!

히나 아! 북한 음식 이야기를 하니 재미있는 에피소드가 생각났어요. 들려줘도 될까요?

누리 물론 환영입니다!

히나 저희가 묵었던 호텔 내 바에서 싱가포르 슬링을 판매하고 있다는 걸 알고 놀랐어요. 싱가포르의 상징적인 음료거든요. 저는 술을 못 마시지만 다른 나라에서 우리 나라 물건이나 음식을 보면 괜히 반갑고 그렇잖아요. 그런 감정을 느꼈어요. 궁금해하실 테니 사진을 공유할게요.

누리 북한에 가기 전 북한에 있는 청각 장애인 학교나 청각 장애와 관련된 모든 것이 궁금했다고 하셨잖아요. 혹시 북한에서 장애인이나 청각 장애인을 만나 봤나요?

히나 네, 원산에 있는 농학교를 방문하지 못해 아쉬웠지만, 대신 평양에 있는 농학교와 청각 장애인 재단사와 미용사가 있는 장애인협회를 방문했어요. 그와 관련해 재미있는 에피소드가 하나 있어요. 농학교에 방문했을 때, 학교에 있는 계단이 보통 계단과 달리 나무 빨래판처럼 지그재그 모양으로 되어 있었어요. 매우 이상한 디자인이었는데, 하

삼팡칵템
Champagne
Series

싱가포르실링
Singapore Sling
700원

키르 ㄹ
Kir R

레이디

당시 묵었던 호텔 바에서 싱가포르 슬링을 북한돈 7백 원에 판매하고 있었다.

여튼 계단에서 걸어 내려올 때 균형을 유지하기 위해 약간 뒤로 젖혀야 했어요. 조금 위태로웠지만, 신기한 경험이었어요.

누리   오, 도대체 어떻게 생겼기에…… 혹시 사진으로 볼 수 있을까요?

누리   혹시 길거리에서 장애인을 본 적 있나요?

히나   음, 아니요. 기억이 잘 안 나네요.

누리   여행하면서 북한 사람들과 만나 봤나요?

히나   아뇨, 저는 북한 사람들과 별로 교류하지 못했어요. 왜냐하면 저희는 무리 지어 돌아다녔고 저희 그룹 외 다른 사람들과 교류할 수 있을지 확신이 없었어요. 규칙도 있었고, 엄격하고 냉정한 분위기였으니까요. 게다가 저희는 모두 농인이었기 때문에 길에서도 수어로 소통하면서 걸어가야 했는데, 북한 사람들이 그 모습을 신기하게 보더라고요. 전체적인 느낌상 북한에서는 길에서 장애인을 자주 볼 수 없

당시 방문한 평양의 농학교에서 수업하는 학생들.

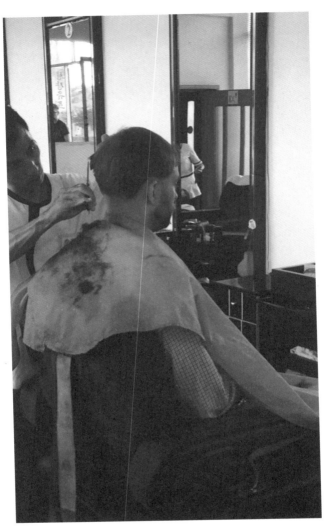

청각 장애인 미용사가 이발하는 모습.

북한의 양복점 앞에서 함께 찍은 단체 사진.

당시 촬영한 영상 일부 캡처. 정말로 계단
이 나무 빨래판 모양이다.

는 분위기인 것 같았어요. 장애인을 본 적이 없기 때문에 기억하지 못하는 것 같아요.

누리　그럴 수도 있겠네요! 북한에서 평양만 가봤다고 하셨잖아요. 만약 북한에 다시 간다면 어디에 가고 싶나요?

히나　다시 간다면, 원래 가려다가 못 간 원산에 가고 싶어요. 원산의 마식령스키장뿐만 아니라 북한에 있는 다른 스키장과 리조트에도 가보고 싶고요. 스키장에 가서 스키나 스노보드를 타면 정말 재미있을 것 같아요. 너무 궁금해요! 또 평양에서 지하철역에 가보긴 했지만 한 정거장밖에 볼 수 없었어요. 그래서 만약 다시 간다면, 지하철을 타고 전체 노선을 한번 제대로 돌아보고 싶어요.

누리　혹시 북한에서 기념품도 샀나요?

히나　자석도 팔고 핀도 팔았는데, 별로 마음에 들지 않아서 안 샀어요. 우표만 샀죠.

누리　지금까지 북한 여행기를 생생하게 들려주셔서 재밌

고 즐거운 시간이었습니다. 이제 마지막 질문을 드려 볼게요. 어쩌면 가장 중요하고 어려운 질문이 될 것 같은데, 대한민국과 북한의 통일에 대해 개인적으로 어떻게 생각하시나요?

히나 독일처럼 한국도 장벽이 무너지면, 한반도에 있는 모든 사람이 다시 뭉칠 것이고, 그러면 독일 못지않게 번영하는 나라로 발전할 거라고 믿어 의심치 않습니다.

대한민국에서는 그저 상상만 할 수 있는 일이 싱가포르에서는 가능하다는 것이 정말 아이러니하다. 분단으로 인해 문화적·언어적 차이가 분명 존재하지만, 우리는 똑같은 말을 사용하고 똑같은 글자를 사용하지 않는가. 가까워지는 것 같다가도 닿으려고 하면 다시 멀어지는 〈통일〉. 하루빨리 그날이 와서 한반도 북쪽 끝까지 자유롭게 거닐 수 있기를 진심으로 바란다.

4장 싱가포르 농인이 바라본 북한

일본 농업이 바라본 북한

1
옛 일본과 닮았어요

한국 농사회에서 유명한 일본 농인 〈에미〉와의 인터뷰를 앞두고 누리는 긴장의 끈을 놓을 수 없었다. 마치 연예인을 만나러 가는 듯한 기분이었다. 에미는 한국에서 지낸 경험이 많아 놀랍게도 한국수어를 한국 농인과 다름없이 수월하게 구사했다. 에미는 차분한 태도로 한국수어로 인사를 건네며 인터뷰를 시작했다.

「저에게 많은 관심을 가져 주셔서 감사하네요. 무엇보다 북한에 관심 있는 한국 농인이 저에게 인터뷰를 요청해 주신 것을 기쁘게 생각하고 있어요. 오늘 인터뷰가 떨리지만 많은 이야기를 들려주고 싶어요.」

에미는 북한 여행 농인 가이드 경험이 많다. 더불어 손말사전 편찬 사업에도 조언을 건넨 경험이 있어 한국 농사회에서 널리 알려진 사람이다. 인터뷰하면서 에미가 북한에

애정이 깊다는 것을 느낄 수 있었다. 여러분도 에미가 바라본 북한 이야기를 통해 북한에 대한 관심이 피어나기를 바란다.

누리 안녕하세요! 자기소개를 부탁드려요.

에미 안녕하세요. 저는 에미이고요, 수어 이름은 옆 페이지 그림처럼 이렇게 해요.

누리 수어 이름의 뜻을 설명해 주실 수 있을까요?

에미 일본에는 수어 이름이 없어요. 보통 엄마 딸 그런 식으로 불러요. 농부모를 둔 농자녀일수록 수어 이름이 없어요. 지금까지 이름을 지화로 소개했는데, 수어 이름이 생긴 건 열아홉 살쯤 한국에 오면서부터예요. 한국 친구들과 수다를 떠는데 한국 친구들이 저를 〈에미야〉 그런 식으로 농담하면서 〈엄마＋여자〉라는 수어 이름이 생겨났어요.

누리 그런 이야기가 있었군요. 저희가 나중에 또 다른 수어 이름을 제대로 만들어 드리고 싶네요.

한국수어 〈엄마〉

수어 이름 〈에미〉

에미 아니에요. 저는 그 수어 이름이 더 친숙하고 좋아요.
마음에 들어요. 앞으로도 계속 사용할 거예요.

누리 그렇군요! 한국 농인들 사이에서 〈에미〉님은 북한과
인연이 깊은 일본 농인으로 유명하거든요. 북한에 관심을
갖게 된 계기가 궁금한데요.

에미 한국 농사회에서 제가 유명하다고 하니 부끄럽네요.
조선에 관심이 생긴 것은…… 먼저, 제 고향 니가타현은 조
선의 원산과 조·일 간 창구 역할을 하던 항구 마을이었어요.
현재는 정치적 문제로 원산으로의 입출항이 멈췄지만요.
니가타현 항구 안쪽에는 문이 굳게 닫힌 재일본 조선인총
련합회가 남아 있어요. 니가타현에 있는 조선학교도 지금
은 휴교 상태인 걸로 알고 있어요. 예전에 그 조선학교 학생
들은 니가타현에서 출발하는 〈만경봉호〉라는 유람선을 타
고 원산까지 수학여행을 가곤 했어요. 그런 분위기에서 지
내다 보니 저도 〈조선은 먼 나라가 아니라 가까운 나라〉라고
인식하게 되었어요. 그리고 자연스레 조선에도 농인이 있
지 않을까 하는 호기심이 생긴 거죠. 그러다가 성인이 되었
고요.

누리   그럼 고향의 지역적 특성으로 인해 북한을 가까운 나라로 인식하게 된 거네요.

에미   맞아요. 그리고 한국 농어르신들과 만나면서 조선에 대한 관심이 더 커졌어요. 한국에서 살다 돌아가신 〈계기훈〉이란 분이 계셨는데, 평양 출신이었어요. 또 다른 평양 출신 〈윤언식〉이란 분도 만났고요. 한국에 살고 계신 조선 출신 농어르신들과 만나면서 조선에도 농인이 있다는 걸 알게 되었죠. 그래서 조선에 직접 가서 조선 농인과 만나 보고 싶었어요. 어떻게 하면 조선에 갈 수 있을까? 생각하고 있었는데, 마침 그 당시 조선에 가서 조선 농인을 위해 사업하던 독일 농인 〈로베르트〉씨가 함께 조선 여행을 하자고 제안하셨어요. 그때 저는 한국에 살고 있었는데, 마침 남북 관계가 민감한 상황이어서 마음 편히 다녀올 수 있을까 걱정되었어요. 로베르트 씨가 아무 일 없을 거라고 해서 다녀오게 되었죠. 그렇게 해서 2011년에 처음 조선을 방문하게 되었어요. 중국에서 기차를 타고 신의주로 간 뒤 평양까지 갔을 때가 문득 떠오르네요.

누리   중국에서 기차를 타고 가셨군요! 북한의 첫인상은 어

조선손말 〈신의주〉

떠했나요?

에미　첫인상은 딱 그랬어요. 〈옛 일본과 너무 닮았다.〉 조선 물건은 일본 제품이 대부분이었고, 생활 방식도 일본과 닮은 구석이 많았어요. 재일본조선인총련합회가 창구가 되어 조선에 많은 일본 물건을 팔았어요. 그래서 그런지 조선 분위기가 전체적으로 옛 일본을 닮은 듯했어요. 분명 조선에 있는데, 마치 옛 일본으로 돌아간 느낌이었어요. 고깃집 분위기마저 한국보다 일본과 더 닮은 모습이었어요. 그래서 조선 사람들은 제가 일본 사람이라는 사실을 알고 너무 좋아하는 것 같았어요.

누리　고깃집이 옛 일본과 닮았다니 너무 신기한데요. 북한에서 의도치 않게 옛 일본을 느낀 거군요.

에미　맞아요. 고깃집이 말로 표현할 수 없을 정도로 너무 닮아 신기했죠. 또 일본과 살짝 닮은 문화가 있는데, 바로 버스 탑승 문화예요. 한국에서는 버스가 오면 사람들이 우르르 타려고 하지만 일본은 줄 서서 탑승하죠. 조선에서도 줄을 서서 타더라고요.

누리　오, 그렇군요. 북한여행을 혼자 하신 건가요?

에미　아니에요. 몇 명의 농인과 함께 갔어요. 그중 일본 사람은 저를 포함해 네 명이었고요. 중국 등 다른 나라 농인들이 있었지만, 조선 사람들과 소통할 수 있는 사람은 저뿐이었어요. 저는 한국에서 10년 이상 살아 한국어를 수월하게 구사했으니까요.

누리　와, 에미 님은 언어 천재이신 것 같아요. 그리고 언어의 힘이 중요하다는 것을 오늘 다시 한번 느낍니다. 북한에 옛 일본 문화와 닮은 것이 많다면, 조선손말에도 일본수어와 닮은 부분이 있는지 궁금하군요.

에미　아니에요. (웃음) 제가 한국을 좋아해서 한국어 습득이 쉬웠던 것 같아요. 조선손말 중 옛 일본수어와 닮은 것들이 있었어요. 특히 일본 농어르신들이 사용하는 옛날 수어도 조선손말을 일부 닮았어요. 예를 들면 농담과 버스의 수어가 조선손말과 똑같더라고요.

누리　조선손말에 옛 일본수어와 같은 게 있다니 신기하네

일본수어 〈농담〉

일본수어 〈버스〉

옛 일본수어 〈버스〉

요! 2011년에 북한 땅을 처음 밟은 이후에는 어떻게 지내셨나요?

에미 그 후에도 조선에 두 번 정도 다녀왔는데, 로베르트가 조선에서 수어 통역을 해줄 수 있겠냐고 부탁하는 거예요. 그래서 좋다고 했죠. 이후 조선에서 수어 통역을 하며 같이 다녔어요. 그러던 중 2013년에 보통 때처럼 조선 관광 가이드를 끝내고 일본으로 귀국하려고 출국 수속 후 비행기를 기다리고 있었는데, 비행기가 이륙하기 10분 전에 조선 관계자들이 저를 갑자기 부르더라고요. 그래서 밖으로 나왔는데 조선 고위직 관계자가 〈에미, 조선 농인들을 위해 협력해줄 수 있겠어요?〉라고 물어보시는 거예요. 그때 머릿속에는 온통 비행기에 탑승해야 한다는 생각뿐이었기 때문에 생각할 여지도 없이 급하게 대답하고는 정신없이 비행기를 타러 전력질주했어요. 그 일 이후 로베르트와 조선 사업에 대한 이야기를 나눴어요. 로베르트도 조선 농인을 위해 협력해주면 좋겠다고 하더라고요. 걱정도 되었지만, 한편으로는 조선 농문화와 농학교 분위기가 궁금해 조선 농인을 위한 사업에 협력하기로 했어요. 그래서 제가 재일본조선인총련합회 측에 조선 농학교를 방문하는 등 가이드 및 교류 모임을 진행하고 싶은데 가능한지 제안했더니 가능하다는 답변이 왔어요. 그렇게 해서 일본 농인들을 위한 조선 가이드를 시작하게 되었어요. 조선 농학교가 일본과 일부 닮아 일본 농인들이 해당 농학교를 방문함으로써 우리가 조선 농인들을 도울 방법이 떠오르지 않을까 하는 기대가 있었어요.

누리   그 일을 계기로 북한 농인들과 교류가 시작된 거네요. 첫 교류는 어떻게 했는지 궁금해요.

에미   네, 일본 농인들과 처음 방문한 곳은 원산 농아학교였어요. 원산학교 원장이 말씀하시기를, 원산 농아학교 학생들이 다른 나라 농인들과 교류하는 것은 역사상 처음 있는 일이라고 하시더라고요. 어쨌든 원산 농아학교의 교육 방식은 옛 일본 농아학교 방식과 너무 똑같았어요. 헤어 미용, 옷 디자인, 공예, 미싱, 목공 등 다양한 분야에서 일본의 옛 물건을 그대로 가져와 기술을 가르치고 있었어요. 원산 농아학교를 방문한 일본의 한 농 어르신이 말씀하시더라고요. 〈옛 일본에 와 있는 듯해서 추억을 회상할 수 있어 좋으면서도 그립네.〉 반대로 젊은 농인들은 옛 어르신들이 들려주신 이야기 속으로 들어와 있는 듯하다고 하더라고요. 그래서 일본 농인들은 조선 농인들을 위해 무언가 해주기로 했어요.

누리 원산농아학교 학생들을 위한 사업이라, 매우 의미 있는 일을 하셨네요. 북한 농인들과의 교류는 지금도 계속되고 있나요?

에미 2019년, 코로나가 터지기 전이 마지막 교류였어요.

누리 코로나라…… 코로나가 해결되어 북한 농인들과의 교류가 재개되었으면 좋겠습니다. 북한 농인들과의 교류 중 기억에 남는 일이 있다면, 들려주세요.

에미 네, 조선 농인들과 교류를 이어 오던 중 2017년 조선 농인들과 협회에서 하루 종일 교류하면 좋겠다는 생각이 드는 거예요. 재일본조선인총련합회 측에 조선 농인들과의 교류 프로그램 기획서를 제출했는데, 생각보다 수월하게 바로 허락을 받았어요. 그렇게 해서 일본 농인들과 함께 개성을 방문하게 되었어요. 그리고 방문 마지막 날 협회를 통해 조선 농인들과의 교류가 이루어졌어요. 그런데 문득 이런 생각이 드는 거예요. 〈실내에서만 교류할 것이 아니라 밖으로 나가 보면 어떨까?〉 그래서 조선장애자보호련맹 소장님이 재일본조선인총련합회 측에 〈2018년 5월에 일본 농인들과 조선 농인들이 함께 등산을 하면서 교류를 진행하고 싶다〉고 제안했어요. 당연히 어려울 거라고 생각했는데 가능하다고 해서 너무 놀랐어요. 아마도 제가 나서서 수락한 거겠죠. (웃음)

누리　우와! 에미 님이셔서 가능한 일이었네요. 북한 농인들과 같이 처음으로 오른 산이 어디인가요?

에미　묘향산이었어요. 조선에서 묘향산을 수어로 표현할 수 있거든요. 이들과 수다를 떨며 산을 오르는 시간이 너무 소중하고 좋았어요.

누리　저희도 북한 공부를 하면서 기억에 남는 산 중 하나가 묘향산이었어요. 묘향산을 북한 농인들과 함께 올랐다니 너무 부러워요. 북한에는 아름다운 산이 많은 것 같아요.

에미　맞아요, 묘향산은 경치가 정말 좋더라고요.

조선손말 〈묘향산〉

북한 농인들과 함께 시간을 나누는 에미의 모습.

일본 농인과 북한 농인들이 다 같이 묘향산에 올랐던 감격스러운 순간.

조선과 평양이라는 단어가 쓰인 티셔츠를 입고 산에 오른 농인들.

누리　산을 오르며 교류하는 시간 말고 북한 농인들을 위한 또 다른 사업이 있었나요?

에미　네, 5월에는 함께 산을 오르고, 가을에는 조선 농인들을 위한 기술 교육을 진행했어요. 일본 농 친구를 불러 조선 농인 남자들을 대상으로 생활용품을 만드는 기술을 가르치기도 했고. 원래 조선 농인 남자 5~10명을 대상으로 기술 교육을 하려고 했는데 20명이나 지원해, 그들 모두에게 기술을 가르쳤죠. 그리고 조선 농인 여자들을 대상으로 옷을 만드는 등 생활에 필요한 기술을 가르치기도 했죠. 기술 교육을 진행한 이유는 조선 농인들의 삶이 좀 더 향상되었으면 좋겠다는 마음에서였지요. 조선 농인들이 배운 기술을 나중에 후배들에게 전수한다면 정말 멋있지 않겠어요?

누리　친구까지 불러 북한 농인들에게 기술을 전수하다니, 너무 멋있어요. 에미 님은 무엇을 가르치셨는지 궁금해요.

에미　저는 조선 농 어린이들을 대상으로 교육했어요. 사실 교사 자격증이 있거든요. (웃음) 제가 일부러 소극적인 학생을 앞으로 불러내 자기 생각을 표현하도록 도와줬더니 교사가 막는 거예요. 제가 그 선생님께 말씀드렸어요. 〈그 학생이 자기 생각을 표현할 때까지 조금만 지켜봐 주세요.〉그랬더니 소극적이었던 그 학생이 자기 생각을 천천히 표현하더라고요.

누리 교사 자격증까지 있군요! 여러 방면에서 다양한 능력을 뽐내시다니, 너무 멋있어요. 더 이야기해 주세요.

에미 조선 농 학생들을 위한 사업과 관련해서 잊을 수 없는 이야기가 엄청 많아요. 조선 농학교에 농맹 어린이 한 명이 있었는데, 그 어린이는 농맹이라 농인들과 달리 교육에서 소외되어 있었어요. 제가 그 학생에게 다가가 색연필 중 눈에 보이는 색을 골라 보라고 했더니 하얀색과 노란색을 집더라고요. 그 순간 검은색은 안 보이지만 하얀색이나 노란색은 볼 수 있겠구나 싶었죠. 그래서 검은색 종이에다 하얀색이나 노란색으로 칠하게 했어요. 일본에 사는 한 농맹 여자도 주황색은 잘 보인다고 했거든요. 농맹인은 눈에 보이는 색이 제각각 달라, 어떤 농맹인은 하얀색이 더 보인다고 해요. 일본에 사는 그 여자 농맹인을 조선에 데려갔는데, 공항에서 만난 조선 사람 그 누구도 처음에는 그녀가 농맹이라는

북한 농학교 학생들. 맨 아래 하얀색 셔츠를 입은 어린이는 농맹 아동이다.

사실을 믿지 못했어요. 하지만 곧 알 수밖에 없었죠. 왜냐하면 조선 사람들과 소통할 수 없었거든요. 조선 사람들이 저한테 물어보는 거예요. 〈그 사람은 어떻게 소통하나요?〉 제가 대답했죠. 〈농맹 수어가 따로 있어, 그것으로 소통합니다.〉 농맹 수어로 소통하는 모습을 보여 드렸더니 새로운 사실을 알게 되었다며 많은 사람이 놀라더라고요. 이런 사소한 정보와 지식조차 조선 사람들은 몰랐던 거죠.

누리 와, 에미 님 덕분에 북한 농학교 교사들의 인식이나 편견이 바뀌었다는 이야기가 많은 걸 느끼게 하네요. 무엇보다 북한 농학교에서 학생들의 눈높이에 맞춰 교육할 때 기분은 표현할 수 없을 만큼 벅찼을 것 같아요.

에미   맞아요, 그 모든 시간이 너무 행복했죠.

2
열한 번의 북한 가이드

누리　에미 님이 소속되어 있는 단체가 북일농우호회죠? 이 단체가 설립된 배경에 대해 자세히 설명해 주실 수 있나요?

에미　조선에서 일본 농인들을 대상으로 가이드하려면 단체가 있어야 한다고 해서 설립한 거예요. 이름은 조선에서 만들어 줬어요. 따라서 북일농우호회에서 일하는 것은 제 본업이 아니에요. 조선 가이드를 할 때마다 그 단체의 이름을 빌려 쓰고 있는데, 그래야 비자 발급이 쉽기 때문이죠. 제 본업은 일본 농인이 취업할 때 도와주고, 주말마다 일본에 거주하는 외국 농인들을 대상으로 일본어를 가르치는 거예요.

누리　아, 에미 님을 더 가까이 알게 된 것 같아 기쁜데요. 첫 번째 가이드 때는 몇 명이나 참여했나요?

에미 2011년에 시작했는데, 지금까지 1백 명 정도 참여했어요. (웃음)

누리 1백 명이라니, 어마어마한데요. 북한에 편견을 가진 농인도 있었을 것 같은데, 가이드를 통해 인식이 개선된 사례가 있나요?

에미 아니요, 편견을 가진 사람이 하나도 없었어요. 조선 여행을 가기 전에 이들을 대상으로 특강을 수시로 해왔기 때문에 조선에 대한 편견이나 나쁜 감정을 가진 사람이 한 명도 없었어요. 오히려 조선을 다녀온 뒤 조선의 매력에 사로잡혀 네 번이나 다녀온 농인도 있을 정도예요. 2011년에 다녀온 뒤 그립다며 2017년에 다시 찾은 농인도 있었어요. 결국 교육이 매우 중요하다는 거죠.

누리 교육의 힘이 정말 큰 것 같습니다. 저희도 죽기 전에 북한을 다녀올 수 있을까요? 북한에 가보는 것이 저희의 마지막 꿈인데 말이죠.

에미　제 개인적 생각으로는 한국과 조선이 교류한다고 하더라도 조선 농인들은 마음을 솔직하게 표현하지 않을 것 같아요. 도리어 외국 농인에게 더 솔직하지 않을까 싶어요.

누리　그렇군요. 언젠가 남북 농인이 서로 마음을 열고 이야기를 나누는 날이 오기를 바랍니다. 에미 님은 북한 가이드와 교육을 해보셨는데, 이외에 더 해보고 싶은 게 있나요?

에미　해보고 싶은 게 있지만, 지금 상황에서는 어려울 것 같아요. 조선 농인들을 일본으로 초청하는 일이거든요. 혹시 아시는지 모르겠는데, 일본에서 아시아 장애인 리더 교육 프로그램을 운영하고 있어요. 1년간 무상 교육이죠. 수어 통역 같은 것도 있어요. 조선 농인들이 이 프로그램에 참여한 뒤 돌아가서 응용해 발전시킨다면 얼마나 좋겠어요.

누리　에미의 꿈이 언젠가 틀림없이 이루어질 거예요.

에미　잘 모르겠어요. 지금 상황에선 어려움이 너무 많아요. 조선 시각 장애인에게 마라톤을 가르쳤던 재일 교포분이 계세요. 그분이 일본 도쿄 장애인 올림픽을 준비하기 전에 조

211　　　　　　　　　　　　　　　**5장 일본 농인이 바라본 북한**

선 농인의 참여를 약속한 적이 있어요. 그런데 코로나가 터지면서 올림픽이 미뤄졌고, 조선에서 참가하지 않겠다는 거부 의사를 표현하는 바람에 그 약속이 무산되었죠. 2025년에 일본 도쿄에서 데플림픽Deaflympic[12]이 열릴 가능성이 있는데, 만약 그 올림픽이 열린다면 조선 농인들을 초대하고 싶어요.

누리　조선에 가서 『조선손말사전』 편찬 과정을 함께했다고 들었는데, 맞나요?

에미　아니에요. 예산을 받아 지원해 줬을 뿐, 편찬 과정을 함께하지는 않았어요. 조선에 일본 방식을 적용하는 것은 틀린 방법이니까요. 교육과 같죠. 그래서 편찬에 필요한 정보와 지식을 알려 주고 편찬 작업은 조선 농인들이 직접 할 수 있도록 조언만 했어요.

누리　북한 농 당사자들이 직접 참여하도록 뒤에서 조언만

12　농인Deaf과 올림픽Olympic이 합쳐진 이름으로, 〈세계 농아 올림픽〉이라고 부른다. 1924년 프랑스 파리에서 처음 열렸으며, 화약총이나 호루라기 대신 깃발을 흔들거나 빛을 쏘는 방식으로 경기 시작을 알린다.

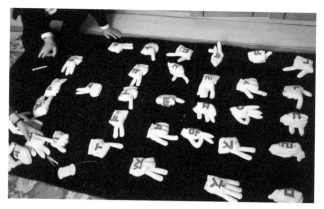
장갑으로 알기 쉽게 표현한 조선손말.

하셨군요. 그 덕분에 북한 농인들이 직접 수어를 찍는 등 작
업에 참여한 손말사전이 나온 것 같습니다. 그들도 자부심
과 보람을 느꼈을 것 같아요.

에미　맞습니다. 조선 농인들이 〈같은 민족이 아님에도 불
구하고 도와줘서 고맙다〉고 인사를 건네더라고요. 조선 농
인뿐만 아니라 조선 청인까지 저를 보고 〈한민족이 아닌데
도 조선 농인을 도와줘 고맙다. 무엇보다 조선 장애인에 대
해 모르는 것이 많았는데 일본인 에미 덕분에 많은 것을 배
울 수 있었다. 그로 인해 조선 농인 및 장애인을 보다 잘 도와
주게 되어 고맙다〉고 하시더라고요. 저는 조선 농인들이 가

난해서 혹은 불쌍해서 도와주는 게 아니거든요. 그저 같은 농인이기 때문에 당연히 도와줘야 한다고 생각할 뿐이에요. 그런데 그들이 저한테 고맙다는 인사를 하니까 마음이 이상했어요.

누리 　그것을 동지애라고 하죠. 같은 농인일수록 돕고 싶고 함께하고 싶은 마음…….

에미 　동지애 맞아요. (웃음)

누리 　그렇군요. 북한은 지역 간 이동이 자유롭지 않다던데, 그러면 지역별 수어도 엄청 차이 나나요?

에미 　맞아요. 차이가 조금 있어요. 예를 들면 이런 거죠. 옆 그림을 참조해 주십시오.

누리 　차이가 엄청나군요. 에미가 가져온 『조선손말사전』 (빨간색)은 평양수어 위주로 되어 있나요? 중국의 경우 지역별 수화가 다양해 통용 수어 사전을 만든 것처럼, 북한에서도 수어 통용 사전을 편찬할 계획이 있나요?

평양손말 〈펜〉

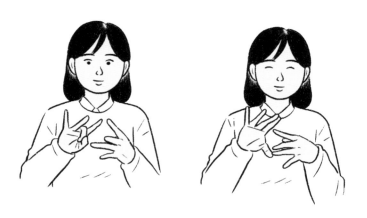

신의주손말 〈펜〉

평양손말 〈입니다〉

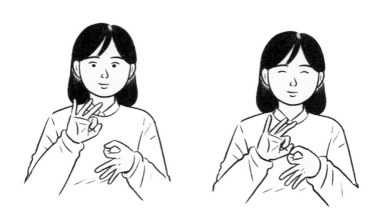

원산손말 〈입니다〉

에미 『조선손말사전』은 평양 수어를 기준으로 되어 있어요. 사실상 조선에서는 다른 지역으로 이동하는 것 자체가 어렵기 때문에 통용 사전 작업이 꽤 어렵다고 봐요.

누리 그렇군요. 한국에서도 말모이 편찬 사업이 있는 것처럼, 한국수어와 조선손말 편찬 사업이 하루빨리 이뤄져야 한다고 생각합니다. 그러려면 우선 남북 농인 간 교류가 이루어져야겠죠.

에미 예전에 조선 농인들이 저에게 한 말 중에서 잊히지 않는 말이 있어요. 〈한국은 우리와 같은 핏줄이지만 다른 나라인 것 같다. 그런데 일본은 우리와 다른 핏줄인데도 한국보다 더 가까운 나라다.〉 그 말을 듣고 너무 마음 아팠어요.

누리 저도 마음이 아프네요. 정말…… 에미 님은 한국과 북한을 이어 주는 중요한 역할을 하고 계시다는 생각이 드네요. 이제 다른 질문을 해보죠. 에미 님은 개성, 신의주, 평양만 다녀오셨나요?

에미 아니요, 성천에도 나녀왔어요. 평양에서 제일 가까운 농아학교가 성천에 있어요. 이 농아학교 학생 중 60퍼센트가 평양 사람이죠. 또 금강산에도 다녀왔어요. (웃음) 그리고 이름은 기억나지 않지만 다른 지역도 많이 다녀왔어요. 하루빨리 조선에 다시 가고 싶은데, 코로나가 비행길을 막고 있네요…….

누리　금강산에 다녀오셨다니…… 너무 부럽습니다. 코로나가 풀리면 북한 가이드를 재개할 건가요?

에미　그럼요, 당연하죠. 재개할 거예요.

누리　오, 에미 님이 추천하는 관광지가 어디인지 궁금하군요. 추천하고 싶은 관광지가 따로 있나요? 있다면 그 이유는요?

에미　네, 저는 개성에 있는 판문점을 추천하고 싶어요. 남북한이 역사적으로 해결하지 못한 아픔이 담겨 있는 곳이기 때문이죠. 한국에서 판문점을 방문할 때는 청바지, 군복, 소매 없는 티셔츠 등의 착용이 금지되기 때문에 단정하게 입고가야 해요. 심지어 수어로 이야기하는 것도 금지되어 있어요. 반대로 조선에서는 의상에 대해 까다롭지 않아요. 수어로 이야기하는 분위기도 전반적으로 개방되어 있고요. 조선 군인들이 수어를 신기하게 보기도 하고, 〈아이러브유〉를 수어로 어떻게 나타내는지 물어볼 정도로 분위기가 편했어요. 휴전된 지 약75년이 지나 남북한이 서로 많이 변했지만, 유일하게 판문점만은 변하지 않은 것 같아요. 그래서 그곳을 추천하고 싶어요.

누리　유일하게 변하지 않은 곳이 판문점이라는 사실이 가슴아픕니다. 판문점 외에 추천하고 싶은 곳이 있나요?

에미　음…… 평양에 가서 평양냉면을 맛보라고 추천하고 싶어요. 정말 맛있거든요. (웃음) 한국에서 파는 평양냉면과는 조금 달라요. 아마도 물이 달라서 그런 것 같아요. 그리고 까만 만두도 추천하고 싶어요. 까만 만두를 처음 먹었을 때 너무 맛있어서 더 주문하려고 했더니 어렵다고 하는 거예요. 그때는 재주문이 왜 안 되는지 이해가 안 됐는데, 나중에 조선 농인 덕분에 까만 만두 만드는 방법을 알게 됐어요. 썩은 감자를 햇볕에 쬐어 그 가루로 만드는 거였어요. 만드는 과정이 너무 길어 다시 주문받기 어려울 수밖에 없다는 것을 알게 됐죠. 까만 만두도 맛있지만 조선식 두부도 엄청 맛있어요. 식당에서 휠체어를 탄 채 요리사로 일하는 분을 잘 아는데, 그 식당을 방문할 때마다 맛있는 두부 요리를 준비해 주셨어요. (웃음)

누리 까만 만두라……. 저희한테는 생소한 음식이네요. 만드는 방법을 듣고 나니 저도 한번 먹어 보고 싶은데요. 음식 얘기를 나누었으니, 북한에서 잊을 수 없는 에피소드가 더 있으면 소개해 주세요?

에미 에피소드가 엄청 많죠. (웃음) 한번은 판문점에서 있었던 일인데요, 조선 군인 몇 명이 수어를 알고 싶다고 해서 〈남자〉, 〈여자〉, 〈결혼〉, 〈연애〉, 〈이혼〉 등 간단한 수어를 몇 가지 가르쳐 줬어요. 그러고 나서 다시 판문점에 갔는데, 조선 군인 중 높은 사람이 갑자기 나를 부르는 거예요. 〈에미야, 나 기억나지?〉, 〈물론 기억하죠.〉 그는 분명 서서 일하는 중이었는데 혼잣말로 이야기하는 거예요. 〈에미가 오랜만에 왔는데, 이야기해도 될까?〉, 〈괜찮아요. 이야기해 보세요.〉 그랬더니 그가 뜬금없이 수어로 〈결혼〉이라고 말한 뒤 〈우리 결혼?〉이라고 말하면서 해맑게 웃는 거예요. 제가

〈됐다〉고 대답한 뒤 서로 키득키득 웃어 댔죠. 그런데 갑자기 다른 군인이 사진을 찍어 준다는 거예요. 그래서 아무렇지 않게 찍었는데 옆에 있던 군인이 팔짱을 끼라고 하더라고요. 웃으면서 팔짱을 끼고 사진을 찍었죠. 재일본조선인총련합회 측 관계자가 말씀하시기를, 그렇게 웃으면서 장난칠 수 있는 사람이 에미밖에 없다고 하시더라고요. 또 다른 에피소드는 중국 농인, 영국 농인, 다른 나라 농인들과 함께 판문점에 갔을 때 일이에요. 판문점에서 중국 농인과 영국 농인이 조선 군인들한테 손 흔들며 인사를 건네도 그들의 표정에 변화가 없고 인사도 안 하는 거예요. 그런데 내가 인사하려고 손을 흔들었더니 군인들이 바로 해맑은 미소로 손을 흔들며 화답해 주더라고요. 또 평양에서 일본 농인들을 가이드할 때 일이에요. 평양 개선문 안에서 엘리베이터를 타고 올라갈 때 개선문 관련 영상을 틀어 주거든요. 제가 조선 사람과 같이 앉아서 그 영상을 시청하자 제 뒤에 앉아 있던 일본 농인이 우리 둘이 연인인 줄 알았다며 마구 사진을 찍어 대는 거예요. 그 모습에 모두가 박장대소했죠.

누리 와, 에피소드가 재미있네요. 북한 군인들과도 웃으면서 장난칠 수 있다니, 에미 님만의 매력이 있는 것 같아요.

에미　맞아요. 저와 마찬가지로 농인인 남동생과 함께 예전에 조선을 다녀온 적이 있는데, 그때 남동생이 그러더라고요. 〈누나, 조선 군인이 그러는데, 누나가 평양에 있으면 분위기 전체가 좋아지니 평양에서 지내 달라고 전해 달래.〉 그게 바로 제가 군인이며 높은 사람들과 거리낌 없이 친숙한 관계를 맺고 있다는 증거겠죠? (웃음)

누리　와, 북한 농인들 사이에서 유명한 에미 님은 정말 중요한 존재인 것 같아요. 혹시 북한을 다녀온 일본 농인 입장에서 잊을 수 없는 경험이 있을까요?

에미　네, 정말 잊을 수 없는 에피소드가 떠올랐어요. (웃음) 2016년에 일본 농인들에게 평양을 가이드하고 있었는데, 갑자기 같이 있던 수어 통역사가 〈중요한 일이 생겨서 다른 곳으로 수어 통역하러 가야〉 된다는 거예요. 무슨 일이냐고 물었더니 평양 장애인 체육 대회가 열린다고 하더라고요. 조선 가이드는 수어 통역사 없이 혼자서 마음대로 할 수 없기 때문에 수어 통역사가 일하는 곳으로 같이 갔죠. 생각지도 못한 일이 발생해 당황스러웠지만 한편으로는 흥미로웠어요. 다 같이 장애인 체육 대회가 열리는 체육관으로 이동

북한 군인들에게 스스럼없이 대하는 에미.

해 선수들과 함께 줄 서서 개회식을 축하했죠. 조선 장애인들의 탁구 경기를 구경하고 있는데 관계자가 저에게 탁구 경기에 참가해 보라고 하시는 거예요. 그래서 저를 포함해 일본 농인 세 명이 엉겁결에 탁구 경기에 참가했죠. 그중에는 일본자전거협회장이 계셨는데, 그분이 〈지금까지 자전거만 탔지, 탁구공과 탁구채는 난생처음 잡아 본다. 그것도 조선에서 탁구를 해보다니 잊을 수 없는 시간이었다〉고 하시더라고요. 여행 도중 갑자기 참여한 장애인 체육 대회는 절대로 쉽게 경험할 수 없는 굉장한 추억이었죠.

누리   정말 귀한 경험을 하신 거네요.

에미   그렇죠. (웃음) 탁구 경기 때 조선 유니폼을 입고 시합했는데, 그 유니폼을 기념품으로 간직하고 있어요.

누리   우와! 정말 조선에서 특별한 경험이 많았군요.

에미   맞아요. 2018년인가에도 일본 농인과 조선 농인이 함께하는 묘향산 투어를 끝내고 돌아가는 길인데, 수어 통역사님이 평양에서 장애인 체육 대회가 열리니 가보자고 하시

장애인 체육 대회에서 탁구 경기를 하는 모습.　　　　조선 유니폼.

는 거예요. 그래서 다 함께 갔는데 마침 수영 경기가 진행 중이었어요. 장애 유형을 가리지 않고 모든 장애인이 출전해서 자유롭게 수영하는 모습에 신선한 충격을 받았어요. 그뿐만 아니라 관중이 여자는 한복을 입고 남자는 정장을 입고 격렬하게 응원하는 모습이 흥미로웠어요. 이와 같이 특별한 경험을 선사해 준 것에 감사하죠.

해맑은 미소로 손을 잡고 인사해 주는 북한 군인.

5장 일본 농인이 바라본 북한

3
꽁꽁 언 대동강 얼음 아래에서 헤엄치는 물고기처럼

누리 에미 님, 한국에 오셔서 한국 농인을 대상으로 북한에 대한 강연 계획이 있는지 궁금합니다.

에미 예전에 조선에 관한 세미나를 한 적이 있어요. 그때 한국 농인들에게 〈조선 농인들을 위해 후원해 달라〉고 했는데, 후원에 적극적이지 않아 아쉬움이 컸어요. 일본 농인들은 조선 농인들과 접촉 경험이 있든 없든 상관없이 같은 농인이라는 이유로 후원에 적극적이거든요.

그래도 다시 한번 한국에 가서 강연을 하고 싶어요. 다시 강연하게 된다면 조선에 관한 정말 많은 이야기를 들려줄 수 있을 것 같아요.

누리 한국 사회의 전체 후원 규모가 줄어든 것은 사실이지만, 북한 농인들을 위해 적극적으로 후원하는 분위기가 조성되었으면 좋겠네요. 이제 조심스러운 질문을 하고 싶은데, 혹시 남북 통일을 어떻게 생각하시나요?

에미　저는 개인적으로 남북이 서로 평화적으로 협력하고 소통했으면 좋겠어요. 각각 나라의 체제를 그대로 유지하되, 판문점을 통해 자유롭게 드나들 수 있도록 해주면 좋을 것 같아요. 그것이 가장 좋은 평화적 방법 아닐까 싶어요.

누리　에미 님이 앞으로 기대하는 일이 있다면, 무엇인가요?

에미　2025년 도쿄 데플림픽 때 조선 농인 대표단을 꼭 초청하고 싶어요. 그리고 저를 이어 나갈, 조선을 사랑하고 도와줄 사람이 있었으면 좋겠어요. 제가 평생 혼자서 그 일을 할 수는 없잖아요. 물론 조선인총련합회와 조선 측으로부터 신뢰를 얻으려면 어려움이 많아 걱정되지만, 저와 같이 조선 농인 관련 일을 해줄 사람이 꼭 나타났으면 좋겠어요.

누리　네, 분명 나타날 거예요. 북한의 대동강과 남한의 한

강을 보면 볼수록 서로 닮은 것 같아요. 에미 님은 어떻게 느끼셨는지 궁금합니다.

에미　저는 조금 다른 것 같아요. 한강은 엄청 거대하잖아요. 어떻게 보면 나라의 크기를 표현하는 것 같아요. 중국 공항에서 보면 대한항공과 고려항공이 항상 나란히 있더라고요. 북한 청진 출신이고 평양맹아학교를 나와, 현재는 부산에 살고 계신 윤언식 선생님께서 어릴 적에 겨울이면 대동강으로 가서 스케이트를 타고 놀았다고 하시더라고요. 그분 이야기를 들으면서 〈평양의 겨울은 무척 춥고 매섭겠다〉는 생각이 들었어요. 아, 조선려행사 일본어 가이드분의 말씀이 생각나네요. 겨울철 대동강물은 두껍게 얼지만, 얼음 밑에서는 물고기들이 자유롭게 움직인다고요. 지금 북한과 일본이 정치적 문제로 사이가 안 좋은 것을 두꺼운 얼음에 비유하며, 얼음 밑에서 사람들끼리 계속 교류해 나간다면 얼음이 녹는 봄이 반드시 온다는 말씀이었어요. 그분의 말씀이 매우 따뜻하면서도 가슴에 와닿아, 북한 사람들과 활발하게 교류해야겠다는 마음을 다잡게 되더라고요.

누리　정말 좋은 말씀이네요. 꽁꽁 언 대동강 얼음 밑에서

얼 음

꽁꽁 언 대동강물 아래에서 자유롭게 헤엄치는 물고기들.

자유롭게 헤엄치는 물고기처럼 남북 농인 간 활발한 교류를 위해 우리부터 노력해야겠습니다.

에미   네, 남북 농인뿐만 아니라 전 세계 농인이 조선 농인 과 자유롭게 교류할 날을 손꼽아 기다립니다.

누리   인터뷰하는 동안 북한 농인들이 많이 생각나셨을 것 같아요.

조선 농인이 직접 만든 모형 배를 에미에게 선물하는 모습.

에미   맞아요. 인터뷰하는 내내 조선 농인들이 눈앞에 아른
거리고 생각나더라고요.

누리   코로나로 인해 북한에 가지 못하는 상황이 계속되다
보니 그리운 마음이 더 큰 것 같아요.

에미   맞습니다. 그들이 어떻게 지내고 있을지 무척 그리
워요.

누리   코로나가 종식되기를 두 손 모아 기도합니다. 코로나
종식 후에 조선 농인들과의 만남이 이루어지면 관련 이야기
를 들려달라고 한국으로 초청해도 될까요?

에미   그럼요! 저야말로 환영이죠. (웃음)

통일은 우리 가까이 있다

북한 장애인을 돕는 단체 소개부터 북한 방문 경험이 있는 외국 농인의 이야기를 직접 들은 데프누리 모두가 한자리에 모여 생각을 나눈 이야기를 담았다.

혹시 MBC 예전 프로그램 「느낌표!」에서 방영된 〈남북 어린이 알아맞히기 경연대회〉를 기억하는가? 당시 초등학생이었던 우리는 한창 〈통일이 되면 어떻게 될까?〉 상상의 나래를 펼치고 있던 터라, 이 프로그램을 굉장히 흥미롭고 재미있게 봤다. 같은 공간에 있지는 않지만, 방송기술이 발달한 덕분에 남측 진행자가 스튜디오 사이를 드나드는 모습을 보면서 통일이 코앞에 다가왔다고 느꼈다.

한때 전국적으로 높은 관심을 불러일으켰던 이 프로그램은 막을 내렸고, 2007년 남북 정상 회담 이후 통일은 이제 먼 이야기로 느껴지는 분위기였다. 그러던 중 2018년 4월

27일 또 한 번 통일에 대한 희망과 기대감을 갖게 되었다. 바로 문재인 대통령과 김정은 국무위원장의 남북 정상 회담이 열린 것이다.

가까워지는 것 같다가도 이내 멀어지는 〈통일〉. 그렇다면 북한에 다녀온 세계인들은 북한을 어떻게 바라볼까?

우리에게 북한은 가깝지만 갈 수 없는 먼 나라다. 그러나 다른 나라 사람들은 여권과 비자만 가지고 입국 심사를 통과하면 누구나 갈 수 있다. 문득 다른 나라 농인은 북한에 다녀온 적이 있는지, 북한에서 어떤 경험을 했는지, 한반도의 통일에 대해 어떻게 생각하는지 궁금해졌다. 무엇보다 북한의 농문화와 농사회, 그리고 농인들에 대한 궁금증이 가장 컸다. 관련 자료도 오래된 것밖에 없어 한정적이고, 알려진 것이 거의 없었다.

이 책에서 우리는 북한에 다녀온 독일, 영국, 싱가포르, 일본의 농인을 만나 생생한 여행기를 들어 봤다. 직접 다녀온 것이 아닌데도 여태까지 경험하지 않았던 새로운 세계를 발견한 듯한 기분이었다. 또한 마음속에 맺혀 있던 응어리가 한순간에 해소되는 느낌을 받았다. 무엇보다 독일 농인 로베르트가 북한 농인들이 정체성을 찾을 수 있도록 도와주고, 농인에게 필요한 교육과 시스템을 만드는 등 얼마나 대단한 일을 했는지 알 수 있었다. 또 일본 농인 에미는 일본 농인과 북한 농인 간 교류를 위해 북한 관광 가이드, 캠페인 등 앞장서서 다양한 활동을 해온 이야기를 들려주었다. 모두 우리가 앞으로 해야 할 일 중 하나라고 할 수 있다.

단순히 세계 농인들의 경험담을 공유하는 것으로 끝날 수는 없다. 통일로 가는 지름길을 우리가 만들어야 한다. 그래서 우리는 〈평화 여행〉 기획을 준비하고 있다(한국 곳곳에서 즐길 수 있는 북한과 비슷한 모습의 명소 위주로 코스를 발굴해, 대한민국 청인과 농인이 함께 어울려 즐길 수 있는 여행을 기획 중이다).

직접 북한에 가서 사전답사하면서 우리만의 〈평화 여행〉 코스를 짜고 패키지를 개발하면 좋겠지만, 아직은 실현하기가 어렵다. 그러나 통일되었을 때 남북한의 간극을 하루라도 빨리 해소하기 위해서는 이것만큼 확실한 방법이 없을 것이다. 대한민국과 북한은 다른 듯하면서 비슷한 점이 많다. 이런 점을 느껴 보는 것이 바로 〈평화 여행〉의 핵심이다.

대한민국 농인은 〈수어〉로 소통하고, 북한 농인은 〈손말〉로 소통한다. 사용하는 언어는 다르지만 서로의 언어를

맺음말

존중하며 배우는 것도 남북 농인 간 교류를 활성화할 수 있는 방법이다. 통일을 막연하게 기다리기만 할 것이 아니라, 북한 음식 체험 등 지금 할 수 있는 것을 고민하고 준비하면 좋을 것이다. 미리 준비하면 먼 훗날 통일되었을 때 언어를 뛰어넘어 교육, 관광 등 다양한 교류를 시도할 기회가 더욱 많아질 거라고 믿어 의심치 않는다.

우리가 고대하고 준비하는 만남이 있다. 바로 2023년 제19회 세계 농아인 대회World Federation of THE DEAF, WFD다. 1951년 이탈리아에서 시작된 이후 4년마다 열리는 이 대회가 2023년에는 제주도에서 열린다. 지난 제94회 아카데미 시상식에서 남우 조연상을 수상한 영화 「코다」의 농인 배우 트로이 코처가 홍보대사로서 함께해 더욱 설렌다. 마침 대한민국에서 열려 이 땅에서 살아가는 농인으로서 매우 뜻깊다. 이번 대회에 북한 농아인도 참여하면 좋을 텐데, 최종적으로 북한 농인은 참여하기 어렵게 되었다.

기대가 많았던 만큼 아쉬움도 크다. 하지만 우리는 평화여행 코스 발굴을 시작으로 언어 교류, 북한 문화 체험 등 다양한 시도를 통해 멀게만 느껴졌던 〈통일〉에 대한 기대와 희망의 걸음을 멈추지 않을 것이다. 독일의 로베르트와 일본의 에미처럼 말이다.

4개국 농인을 만나 이야기를 듣고 나니 훨씬 더 확신이 든다. 〈통일〉은 생각보다 더 가까이 있다는 것을.

맺음말

지은이 임서희 1992년 출생. 선천적으로 〈농인〉이라는 특별한 날개를 가진 〈데프누리〉 대표. 인권, 장애인, 교육 등 다양한 이슈에 관심을 가지고 사회에 변화를 만들어 낼 방법이 무엇일까 늘 고민하고 제시하려고 노력한다. 한국국제협력단, 밀알복지재단 등 기관에서 일했으며, 장애인과 비장애인이 함께할 수 있는 포용적인 사회 구축에 대해서 많은 고민을 거쳐 왔다. 지난 2020년 여름에 데프누리 팀을 구성하여 인권 공부를 시작했으며, 배리어 프리와 통일 교육에 초점을 두고 밀접한 연구를 통해 작년 2022년 12월 초에 법인을 등록했다. 현재 모두에게 배리어 프리 서비스(교육, 여행, 굿즈 판매 등)를 제공하기 위해 준비 중이다.

농인의 눈으로 본 북한

발행일 2023년 3월 10일 초판 1쇄

지은이 임서희
발행인 홍예빈·홍유진
발행처 주식회사 열린책들

경기도 파주시 문발로 253 파주출판도시
전화 031-955-4000 팩스 031-955-4004
www.openbooks.co.kr

.